Über den Autor:

Gerald Hörhan schloss sein Harvard-Studium in angewandter Mathematik und Betriebswirtschaft *magna cum laude* ab. Er arbeitete für McKinsey und sammelte Wall-Street-Erfahrung bei JP Morgan, ist Eigentümer eines international tätigen Corporate-Finance-Unternehmens und verfügt über mehr als zehn Jahre Erfahrung in Investmentbanking, Corporate Finance und Alternative Investments. Mit seinem ersten Buch, Investment Punk, landete er einen Bestseller und schockierte die Finanzwelt.

Gerald Hörhan
Gegengift

BASTEI LÜBBE TASCHENBUCH
Band 60704

Dieser Titel ist auch als E-Book erschienen

Vollständige Taschenbuchausgabe

Bastei Lübbe Taschenbuch in der Bastei Lübbe AG

Copyright © 2011 by edition a, Wien
Für diese Lizenzausgabe:
Copyright © 2013 by Bastei Lübbe AG, Köln
Umschlaggestaltung: Tanja Østlyngen unter Verwendung einer
Gestaltung von Rainer Erich Scheichelbauer und
Agata Anna Pierzchanowska (www.peperski.com)
Satz und Gestaltung: hanseatenSatz-bremen, Bremen
Gesetzt aus der Premiéra Book
Druck und Verarbeitung: GGP Media GmbH, Pößneck
Printed in Germany
ISBN 978-3-404-60704-4

4   6   8   7   5

Sie finden uns im Internet unter
www.luebbe.de
Bitte beachten Sie auch: www.lesejury.de

Ein verlagsneues Buch kostet in Deutschland und Österreich jeweils überall dasselbe.
Damit die kulturelle Vielfalt erhalten und für die Leser bezahlbar bleibt,
gibt es die gesetzliche Buchpreisbindung. Ob im Internet, in der Großbuchhandlung,
beim lokalen Buchhändler, im Dorf oder in der Großstadt – überall bekommen Sie Ihre
verlagsneuen Bücher zum selben Preis.

inhalt

Countdown
  Ihr seid Arschkriecher, 9
  Generation Zero, 20
  Die Welt, in der ihr lebt, 29
  Plan B, 39
Abendessen eins
  Der Weg der Sachbearbeiter, 50
  Aufsteigen, 66
  Start up!, 72
  Sanfter Start, 90
  Neun Begriffe, die ihr als Unternehmer braucht, 97
Abendessen zwei
  Investieren für Anfänger, 100
Abendessen drei
  Aktien, 124
  Anleihen, 136
  Fonds, 144
Abendessen vier
  Immobilien, 154
  Firmenbeteiligungen, 174
  Epilog, 185

COUNT down

Ihr seid Arschkriecher

Ihr seid den Politikern scheißegal. Bevor ihr dieses Buch weiterlest, will ich, dass euch das klar ist. Es gibt keine Regierung, die fürsorglich auf euch herabblickt und macht, dass am Ende alles gut wird. Die Politiker kümmern sich nicht um euch. Im Gegenteil. Wenn sie eine gesellschaftliche Gruppe abzocken, seid ihr immer die erste Wahl. Sie zocken euch mit jedem Euro an zusätzlicher Staatsverschuldung und mit jeder aus Rücksicht auf die Alten verweigerten Verwaltungsreform ab. Jetzt gerade lasten sie euch die Kosten für die Sanierung Europas auf. Sie stecken eure Zukunft in den Rettungsschirm für den Euro. Die Milliarden, die nach Griechenland, Irland, Portugal und bald vielleicht nach Spanien, Italien, Frankreich, Belgien und Zypern fließen, werdet ihr verdienen und in Form von Steuern und Abgaben bezahlen müssen. Ihr werdet dafür bluten, dass zum Beispiel Griechenland durch Faulheit, Korruption, Schattenwirtschaft und Bilanzfälschung pleitegegangen ist. Eure Zukunft versickert in den Straßen von Athen, in denen die Griechen gegen ihre alte Misswirtschaft demonstriert und dabei Geschäfte geplündert und Autos zerstört haben.

Die Politiker stehlen euch eure Zukunft wissentlich und nicht etwa, weil sie keine andere Wahl hätten. Sie könnten Beamte feuern, sinnlose Gesetze abschaffen und die Staatsbetriebe verkaufen. Doch es gäbe immer irgendwelche Gruppen, die sich aufregen würden. Ihr seid die Einzigen, die sich alles gefallen lassen.

Auch bei Griechenland haben alle die Alternative gekannt, aber niemand hat sie gewählt. Die EU hätte Griechenland einem Insolvenzverfahren nach dem Vorbild des amerikanischen „Chapter 11" für bankrotte Firmen unterziehen müssen. So haben die Amerikaner *General Motors* und viele Fluglinien saniert. Ein von der EU bevollmächtigter und vom griechischen Parlament akzeptierter Experte hätte die griechischen Staatsgeschäfte übernehmen, heilige Kühe wie die Beamtenprivilegien schlachten, Gespräche mit den Gläubigern führen und über einen teilweisen Schuldenerlass, längere Stundungen und Zinssenkungen verhandeln müssen. Als Experten hätte die EU jemanden holen müssen, der sanieren kann. Zum Beispiel den Investor Warren Buffett. Der hat 1991 bei der damals maroden und später an die *Citibank* verkauften Investmentbank *Salomon Brothers* bewiesen, dass er mit ruhiger und sicherer Hand sanieren kann. Buffett ist jetzt 81. Mit 85 wäre er fertig gewesen und Griechenland hätte dann als Vorzeigenation dagestanden.

Doch den Großteil der Verantwortung tragen in der EU wie einst in der Sowjetunion Apparatschiks, die nie gewählt wurden, und die wollen keine Entscheidungen treffen, sondern bürokratische Prozesse abwickeln.

Welches Problemland auch immer als Nächstes auftaucht, die Politiker werden weiter von eurer Zukunft stehlen. Aus reiner Bequemlichkeit. So viel sie können. Sie werden es so lange tun, bis nichts mehr davon übrig ist. Ihr macht es ihnen zu einfach. Aus drei Gründen.

Erstens. Ihr wehrt euch nicht. Ihr seid der für das System äußerst bequeme und ziemlich dekadente historische Sonderfall einer jungen Generation, die den Alten lieber in den Arsch kriecht, als zu revoltieren. Ihr habt euch angepasst. Statt Konfrontation, Konflikt, Dynamik und damit Entwicklung zu bringen, verhaltet ihr euch passiv und abwartend. Ihr bringt nichts in Gang. Ihr denkt nicht quer.

> *Ihr seid keine Punks und nicht einmal Hippies. Ihr seid Schafe. Ihr seht alle gleich aus, habt den gleichen Lebenslauf und bewerbt euch um die gleichen Jobs. Die Personalchefs müssen dann nur noch herausfinden, wer von euch am lautesten blökt.*

Vor Kurzem habe ich ein paar von euch bei einer Hochzeit getroffen. Alles Leute zwischen 25 und 35, alle im gleichen Spießeranzug mit Stecktuch. Ich habe mich die ganze Zeit gefragt, wo ihre Gehstöcke sind. Am liebsten hätte ich die ganze Gruppe in das Altenheim eingewiesen, bei dem ich im Aufsichtsrat sitze. Wenn ich an der Wiener Wirtschaftsuni Kurse halte, ist es das Gleiche. Lauter Schnösel, die sich darüber austauschen, welcher Vater der wichtigere stellvertretende Vizedirektor von irgendwas ist.

Mit eurem Verhalten schadet ihr nicht nur euch selbst. Kollektive Arschkriecherei ist auch volkswirtschaftlich gesehen verhängnisvoll. Ohne Punks gibt es keine Entwicklung. Ohne Punks steht die Welt still. Ihr unterbrecht die ständige Ablöse von Alt und Neu. In euch versiegen die Kreativität und der Tatendrang der europäischen Mittelstandsgesellschaft, und wenn es keine Kreativität und keinen Tatendrang gibt, gibt es auch sonst nichts.

> *Weil ihr nie gegen das Alte revoltiert habt, seid ihr das Missing Link zwischen dem Wirtschaftsaufschwung der Vergangenheit und einem der Zukunft.*

So hübsche Krawatten könnt ihr euch gar nicht umbinden, um dieses Versäumnis wieder wettzumachen. Ich scheiße auf Krawatten. Ich trage zerrissene Jeans, Nietengürtel und Doc Martens, wenn ich Lust dazu habe. Ich habe in der Schule kapiert, dass ich im Rechnen gut bin. Wenn ich damals eine Krawatte umgebunden hätte, um dem System zu gefallen, wäre ich irgendein armes Schwein in einer Buchhaltungsabteilung geworden. Mir war immer klar, dass ich niemals für so ein Leben um sieben Uhr morgens aufstehen würde. Ich bin Jahrgang

1975 und besitze heute rund hundert Wohnungen in Frankfurt, Wiesbaden, Stuttgart und Wien. Ich bin wirtschaftlich unabhängig und ich tue, was ich will. Meistens ist das Arbeiten, weil es mir Spaß macht. Ziemlich oft sind es aber auch wilde Partys. Am besten kann ich mich noch immer auf einem Metalfestival entspannen. Arschkriecher wie ihr dagegen kommen nie weit, auch wenn es manchmal so aussieht. Es fehlt ihnen an Augenhöhe, aufrechter Haltung und eigener Perspektive. Spaß haben sie auch keinen. Ihre Welt ist ziemlich eng und ekelhaft.

Zweitens. Ihr habt keinen politischen Einfluss. Ihr seid nicht vernetzt und schafft es nicht, Lehrer oder Gewerkschaften auf eure Seite zu ziehen. Eure Lobbyisten sind ahnungslos und haben keinen Zugang zur Macht. Selbst gute Lobbyisten könnten nichts für euch tun. Ihr seid zu wenige und habt zu wenig wirtschaftliche Macht, um eine politische Stimme zu haben.

Es ist ganz egal, welche Partei ihr wählt. Ihr seid als Zielgruppe für alle Lager uninteressant. In euch zu investieren bringt nichts. Politikern reicht es völlig, im Namen der Jugendpolitik ein paar Besprechungskränzchen einzurichten. Dort produzieren grauhaarige Funktionäre Papiere mit technokratischen Namen. „Sichtweisen und lebensweltliche Perspektiven Jugendlicher zum Thema Herausforderungen der nationalen und europäischen Jugendpolitik" heißt eines, das ich vor Kurzem gelesen habe. Wie alle kommt es zu dem Schluss, dass ihr Politik scheiße findet.

Als Reaktion darauf versprechen euch die Politiker alles Mögliche, aber mehr als ein paar Imagekampagnen kommen dabei nie heraus. Diese Imagekampagnen gehen immer nach hinten los, weil auch in der Politik gilt, dass gute Werbung ein schlechtes Produkt nur umso schneller ruiniert. Den Politikern ist das egal. Sie kümmern sich lieber um die Alten, weil die sie an der Macht halten.

Im Gegensatz zu euch können die Alten sich sehr wohl wehren, weil sie schon jetzt viele sind und ihre Zahl weiter steigt. Sie haben politischen Einfluss. Sie können den Gewerkschaften beitreten und sie bilden den Verwaltungsapparat. Ihre Lobbyisten sind abgedankte Politiker mit jahrzehntelanger Erfahrung. Sie können die Post, die Bahn oder den ganzen Staat lahmlegen. Auf die Stimmen der Alten kommt es an, doch die wählen keine Partei, bloß weil die so nett zum Nachwuchs ist. Sie wählen jene Partei, die nett zu ihnen selbst ist. Das ist ihr demokratisches Recht und ein genetisch programmierter Reflex, der mit dem Alter zunimmt. Je älter ein Mensch wird, desto mehr hat er die Tendenz, sich nur noch um seine eigenen Angelegenheiten zu kümmern.

Drittens. Ihr kriegt es gar nicht richtig mit, wenn ihr abgezockt werdet. Ihr durchschaut die ökonomischen und politischen Zusammenhänge zu wenig. Bei den Protesten der spanischen Jugend gegen ihre miese wirtschaftliche Lage verpassten die Organisatoren den Demonstranten erst einmal Schnellkurse, damit sie wussten, wogegen sie überhaupt demonstrierten. Sie mussten mit ganz simplen Dingen wie dem Unterschied zwischen einer Zentralbank und einer Kommerzbank anfangen. In Frankreich haben Jugendliche sogar gegen die Anhebung des Rentenalters demonstriert, obwohl sie eine ihrer wenigen Chancen wäre, dass für sie noch etwas vom Sozialstaat übrig bleibt. Sie haben nicht einmal kapiert, dass sie es sind, die dafür bezahlen müssen, wenn die Alten mit 55 in Rente gehen.

Eure Schulen haben euch die ökonomischen und politischen Zusammenhänge nicht erklärt. Sie sind vor hundert Jahren stecken geblieben. Lehrergewerkschafter, Schuldirektoren, obskure Bildungspolitiker und andere Bürokraten erpressen das Schulsystem und verhindern jede Modernisierung.

Deshalb lernt ihr dort mit veralteten Methoden veraltete Dinge, die größtenteils wirtschaftsfeindlich, zukunftsfeindlich und internetfeindlich sind. Ihr lernt dort, ob die Saurier von links nach rechts oder von rechts nach links gewedelt haben, aber nichts darüber, wie die Wirtschaft funktioniert. Das gesamte System stammt aus einer Zeit, als Wissen noch nicht immer und überall abrufbar war und es noch darauf ankam, aus dem Gedächtnis zu schöpfen.

Jetzt knechten und quälen euch die Lehrer mit Überflüssigem von damals, um ihre Machtposition zu behalten. Informationen auszuwählen und zu verwerten lehren sie euch nicht, weil sie es selbst nicht können.

> *Es wäre besser, das gesamte Bildungssystem über Nacht per Dekret abzuschaffen und es komplett neu aufzustellen, als es so weiterlaufen zu lassen. Selbst dann, wenn es in der Übergangsphase ein Jahr gar keine Schule gäbe.*

Selbst das kommunistische China fördert unternehmerisches Denken, wo es nur kann, während eure Schulbücher die Wirtschaft diffamieren. Ihnen zufolge sind Reiche immer auf Kosten der Ärmeren reich und Unternehmensgewinne resultieren aus Ausbeutung und Betrug. Unternehmer sind darin böse, am Profit orientierte Menschen, die Mitarbeiter durch Maschinen ersetzen und somit Arbeitsplätze nicht schaffen, sondern vernichten wollen. Kapitalismus und Globalisierung sind nirgends so verrufen wie bei uns.

Die Demonstranten, die vor der Bastille in Paris dem spanischen Beispiel folgten, beschimpften die Politiker nicht als Vollstrecker des Willens der Alten, sondern als Vollstrecker des Willens des internationalen Finanzkapitalismus. Falls ihnen nicht hinterher jemand einen Kurs verpasst hat, wissen sie vermutlich bis heute nicht, was das eigentlich ist.

Zur Sicherheit impft euch das staatliche Schulsystem Angst ein. Seid brav, sagt es, sonst werdet ihr scheitern, wenn ihr nicht gehorcht, zerstört ihr euer Leben. Das hat das Schulsystem zwar schon immer behauptet, aber bisher ist keine Generation so sehr darauf hereingefallen wie ihr.

Ich hielt es schon als Schüler für richtig gefährlich, den Konzepten von Lehrern zu vertrauen, die weder frei noch reich noch glücklich waren, sondern in diesem verkorksten Bildungssystem als verbitterte Zahnrädchen mit einem latenten Hang zum Alkoholismus und zu Depressionen vegetierten. Heute weiß ich, dass gesunde, wache und intelligente Schüler daran zu erkennen sind, dass sie mit den kaputten Schulen nicht können.

IHR SEID ARSCHKRIECHER

Wer sich diesem Bildungswesen unterordnen kann, ist von seiner Typologie her der perfekte Systemerhalter. In eurem Fall läuft das auf die Rolle dessen hinaus, der fügsam den Schuldenberg abträgt, den die Alten für euch anhäufen. Es läuft auf die Opferrolle hinaus.

Ich kenne einen Medienunternehmer, der, immer wenn er junge Leute aufnimmt, nach dem gleichen Muster vorgeht. Zuerst wirft er alle Bewerbungen von Vorzugsschülern weg. Danach mustert er jene Bewerber aus, die ein einschlägiges Studium absolviert haben. Zuletzt sieht er nach, ob unter den Verbliebenen Schulabbrecher sind, die die Chuzpe hatten, sich trotzdem zu bewerben. Weil sie zwar noch nie ins System gepasst haben, aber diesen Job unbedingt wollen. „Ich brauche keine Leute, die schon den ganzen Verblödungsapparat des Staates durchlaufen haben", sagt er. „Ich brauche Leute, die bewiesen haben, dass sie mit diesem Apparat in natürlichem Konflikt stehen."

Ich mache es im Prinzip genauso. Wenn einer auf seiner *Facebook*-Seite keine Partyfotos hat und nur mit Krawatte zu sehen ist, weil er gar so brav ist, bekommt er bei mir keinen Termin. Damit beweist er, dass er ein Schaf ist, und Schafe kann ich nicht brauchen. Sie sind zum Schlachten da, oder um Wolle aus ihnen zu machen, aber nicht um mit ihnen etwas aufzubauen.

Wenn ich in Diskussionsrunden auf Politiker treffe, sind sie in vielen Punkten ganz meiner Meinung. Vor allem in Sachen ökonomischer Bildung. Nach einer Talkshow schüttelte mir einmal die deutsche Verbraucherministerin Ilse Aigner die Hand. „Sie haben ganz recht", sagte sie. „Wir müssen die Jugend besser bilden." Sie versicherte mir, dass ihre Regierung an entsprechenden Konzepten arbeiten würde. Bei einer Diskussionsrunde des ORF saß ich neben dem österreichischen Bundeskanzler Werner Faymann und dem damaligen Vizekanzler Josef Pröll. Vor allem Pröll betonte, dass ökonomische Bildung unbedingt in die Lehrpläne gehöre. Wenig später trat Pröll von seinem Amt zurück und bekam einen wohldotierten Posten in der staatsnahen Wirtschaft. In Sachen Lehrplan ist inzwischen weder in Deutschland noch in Österreich etwas passiert. Dafür wurde am Bildungssystem weiter gespart.

Viele von euch glauben trotzdem weiter an den Sozialstaat und dessen guten Willen. Eine meiner ehemaligen Mitschülerinnen hat aus diesem Glauben die letzte Konsequenz gezogen. Sie war in der Schule immer besser als ich und hatte in Betragen immer nur Einsen. Sie hat brav studiert und einmal einen befristeten, schlecht bezahlten Job gehabt. Irgendwann war sie dreißig und arbeitslos. In ihrem Frust schrieb sie Briefe an Politiker. Wann erfüllt ihr eure Versprechen?

Bis auf einen schrieben alle freundlich und verständnisvoll zurück. Sie gaben ihr Ratschläge, wohin sie sich wenden könne. Einer wollte sich sogar persönlich nach einer Stelle für sie umsehen. Sie freute sich über so viel Engagement. Job hat sie allerdings noch immer keinen. Als ich zuletzt von ihr hörte, erwartete sie ihr zweites Kind und ihr gleichaltriger Mann, dem es beruflich ähnlich ging, litt an Burn-out.

PS: Eine Zentralbank, auch Notenbank genannt, ist für die Geld- und Währungspolitik eines Landes zuständig. Sie verwaltet die Währungsreserven, refinanziert Geschäftsbanken sowie den Staat und steuert die Zinshöhe. Sie bringt Banknoten in Umlauf, womit sie die Inflation beeinflusst. Eine Geschäftsbank vergibt Kredite, verwaltet Spareinlagen und handelt mit Wertpapieren und verwahrt sie.

PPS: „Internationaler Finanzkapitalismus" ist ein Überbegriff für die moderne Form der globalen Wirtschaft, die von Börsen und Aktienmärkten, Investmentfonds, Analysten und Ratingagenturen sowie von Aufsichtsbehörden wie der deutschen *BaFin* oder der österreichischen *FMA* geprägt ist. Mangels Kenntnis einer breiten Öffentlichkeit über die im internationalen Finanzkapitalismus wirkenden Kräfte wird er von zahlreichen Verschwörungstheorien umrankt.

Generation Zero

Artige junge Leute wie ihr sind nett, aber entbehrlich. Besonders wenn die Zeiten schlechter werden. Deshalb hat die Wirtschaftskrise keine Gruppe so hart getroffen wie euch. Im Juni 2011 lag die Arbeitslosenquote in Deutschland bei 7,4 Prozent und die Jugendarbeitslosigkeit bei 9,1 Prozent. In Österreich waren es 5,6 beziehungsweise 8,2 Prozent.

Viele Posten bleiben einfach deshalb frei, weil ihr dafür nicht infrage kommt. Vielen von euch mangelt es an den einfachsten Grundkenntnissen. Ich brauche in meiner Firma keine doppelten Doktoren in Physik und Wirtschaft. Ich brauche Leute, die Deutsch und Englisch in Wort und Schrift sowie die Grundrechnungsarten beherrschen und die richtige Arbeitseinstellung haben. Außerdem müssen sie einen gewissen Geschäftssinn und ein Gefühl für Geld haben, Excel,

Powerpoint und Word beherrschen sowie Datenbanken benutzen und mit Plattformen wie *Facebook* und *Xing* umgehen können. Wenn sie eine wirtschaftliche Ausbildung haben, sollten sie eine Bilanz lesen können, schließlich darf ich auch von einem Arzt erwarten, dass er mit einem Stethoskop umgehen kann. Das ist meistens schon zu viel verlangt. Die wenigsten Bewerber sind in der Lage, online einen Flug zu buchen, vom Bilanzlesen ganz zu schweigen. Bei manchen Absolventen der Wirtschaftsunis muss ich froh sein, wenn sie den Unterschied zwischen Umsatz und Gewinn kennen. Kein Wunder, dass ihr inzwischen über einen Praktikantenplatz lauter jubelt als einst eure Eltern über einen gut bezahlten Job mit nahezu lebenslanger Beschäftigungsgarantie. Die USA geben den Beschäftigungstrend schon vor. Als Erstes kommen unbezahlte Praktika. Danach entscheiden eure Chefs, wer ein bezahltes Praktikum machen darf. Erst danach gibt es vielleicht einen Job.

Kathrin, mit der ich vor Kurzem beim Novarockfestival in Nickelsdorf bei Wien war, erzählte mir stolz von einem für sie offenbar besonders interessanten Praktikumsangebot. Ein Jahr in einem bekannten Wiener Theater. Pressearbeit. Vierzig Stunden die Woche. Kathrin ist Berlinerin und hätte nach Wien übersiedeln müssen. Gehalt hätte sie keines bekommen, nicht einmal ein kleines, dafür gab es einfach zu viele Interessenten. Kathrin ist 32 Jahre alt. Herzliche Glückwünsche. Und euch allen viel Erfolg bei der Jobsuche.

Richtig schlecht sind die Zeiten noch gar nicht, aber das System will euch schon jetzt nicht mehr wirklich. Das macht euch planlos. Ihr wisst nicht, was ihr tun sollt. Woher auch.

> *Ihr habt euch toll auf die Zukunft vorbereitet, die einmal vor euren Eltern lag, aber nicht auf eure eigene. Das System hat euch falsch konditioniert, mit dem falschen Wissen abgefüllt und jetzt sagt es: „Sorry, wir halten euch auf dem Laufenden."*

Besser wird's nicht. Mit dem Export eurer Milliarden in kaputte Staaten importiert eure Regierung schleichend die dortigen sozialen Verhältnisse. In Spanien ist es am schlimmsten. Dort liegt die Jugendarbeitslosigkeit schon bei 45 Prozent. 29 Prozent der jungen Akademiker sitzen ohne Job bei Papa und Mama vor dem Fernseher und können kein eigenes Leben anfangen. In Griechenland ist jeder Dritte unter 25 arbeitslos. In Portugal liegt die Zahl bei 21 Prozent, in Irland bei 30 und in Frankreich und Italien bei 27 Prozent. Der Virus der Jugendarbeitslosigkeit wird sich in Mitteleuropa im gleichen Maß ausbreiten, in dem ihr auf bessere Zeiten hofft, während eure Regierung euer Geld verschenkt. Schon jetzt liegt die durchschnittliche Jugendarbeitslosigkeit in der EU bei 20,5 Prozent.

Im direkten europäischen Vergleich werden Deutschland und auch Länder wie Österreich immer gut dastehen. Deutschland ist mit seiner Exportmacht ein globalisiertes Land und wird deshalb weiter prosperieren. Doch immer weniger Bürger werden davon profitieren. Ihr am allerwenigsten.

Der bevorstehende Abstieg der Mittelschicht wird keine Gruppe so hart treffen wie euch. Die breite europäische Mittelschicht, die der Wiederaufbau nach dem Zweiten Weltkrieg hervorgebracht hat, steht vor dem Ende. Dem können Europas

Politiker immer weniger entgegenhalten, und ihr werdet als Erste untergehen. Ihr, die ihr nicht einmal im sinkenden Boot sitzt, sondern an der Leine hinterherschwimmen müsst, weil ihr nie eine echte Chance auf Einstieg hattet. Die Alten bleiben noch eine Weile Mittelschicht, während ihr zur Unterschicht werdet.

> *Ihr seid einem System in den Arsch gekrochen, das sich in einem Schwächeanfall gerade auf ebendiesen setzt und euch dabei als Erste plattmacht.*

Niemand dankt euch die Opferrolle. Im Gegenteil. Wer sich nicht wehrt, wenn er ausgebeutet wird, wird gleich noch einmal ausgebeutet. Und noch einmal und noch einmal. Irgendwann wird es für Uni-Absolventen nicht einmal mehr Plätze als Taxifahrer geben und ihr werdet dafür bezahlen müssen, wenn ihr irgendwo ein Praktikum machen wollt. Dann werdet ihr endgültig die Generation Zero sein. Zero Job. Zero Perspektive. Daran seid ihr selbst schuld, und zwar aus drei Gründen.

Erstens. Ihr seid faul. Ich wollte es euch vorher nicht sagen, aber jener Medienunternehmer, dessen Personalauswahl ich geschildert habe, mustert immer auch Bewerber ohne Migrationshintergrund aus. „Wenn ich Kinder des Sozialstaates zur Pünktlichkeit ermahne, muss ich fürchten, dass sie sich bei der Gewerkschaft beschweren oder ein Burn-out bekommen", meint er. „Menschen mit Migrationshintergrund haben den Leistungsgedanken noch eher im Blut."

Ihr würdet euch wundern, wie viele Firmenchefs so denken. Bloß reden sie nur untereinander darüber. Euch schicken sie freundliche Absagebriefe. Hart zu arbeiten, um dabei schnell und viel zu lernen, ist eher für Zuwanderer oder Vertreter der zweiten Generation ein Thema. Ihr wollt vor allem viel Freizeit. Auf die Art macht ihr euch als Generation allmählich zum Sozialfall.

Eure Eltern haben sich und euch den Fleiß allmählich abgewöhnt. Dabei waren sie selbst einmal fleißig. Als meine Mutter, bevor ich geboren wurde, beim österreichischen Staatsfernsehen anfing, war Samstag ein ganz normaler Arbeitstag und die Wochenarbeitszeit betrug 45 oder 46 Stunden. Passte das jemandem nicht, konnte er wieder gehen, und ich rede hier wohlgemerkt von einem Staatsbetrieb mit starker Gewerkschaft.

All die Gemächlichkeit im Berufsalltag hielt erst in den vergangenen Jahrzehnten Einzug. Sinkende Arbeitszeiten, immer mehr Urlaub und der überbordende Arbeitnehmerschutz, der inzwischen allen Beteiligten nur noch schadet. Richtig schlimm geworden ist es in den Achtzigern. Damals hat die Bochumer Band „Geier Sturzflug" in ihrem Song „Bruttosozialprodukt" alle verarscht, die an Wirtschaftswachstum glaubten. Der Satz „Jetzt wird wieder in die Hände gespuckt" hat es sogar auf Platz 32 einer *Wikipedia*-Hitliste geflügelter Worte gebracht. In die Hände spucken – peinlich, oder?

Umfragen ergeben, für welche sozialen und politischen Ziele ihr euch am ehesten in die Hände spuckt. Reform des Bildungswesens? Rückbau des Staates? Raus aus der Schuldenfalle? Nichts dergleichen. Ganz oben steht bei euch der Kampf für attraktive Freizeitangebote. Worum es bei euch geht ist Kino, Shoppen und Chillen.

Ihr habt euch das Arbeiten so sehr abgewöhnt, dass ihr für ein halbes Jahr in die Psychiatrie müsst, wenn ihr mal ein bisschen anpacken sollt, und dann seid ihr auch noch stolz darauf. Ihr, die Generation Burn-out. Früher galten Menschen mit Burn-out als bedauernswert, weil sie offenbar nicht mit dem Leben fertig wurden. Bei euch ist es groß in Mode. Sogar als Studenten leidet ihr schon daran, und wenn das so weitergeht, werden es bald die Babys in den Kinderwagen tun. Ein kräftiger Arschtritt und das Burn-out wäre weg.

Zweitens. Ihr habt euren ökonomischen Hausverstand verloren. Wirtschaft war vor der Erfindung des Sozialstaates immer ein integrierter Bestandteil des menschlichen Lebens. Fast jeder war automatisch auch Unternehmer. Jeder Bauer, jeder Handwerker, jeder Schausteller und jeder fahrende Sänger war gleichzeitig Chef seiner eigenen Firma.

Erst als die industrielle Revolution die Jobs in den Fabriken brachte und in der Folge der Sozialstaat entstand, koppelte sich die Wirtschaft von den breiten Gesellschaftsgruppen ab. Diese Entkoppelung führte zu einer Aufteilung der Welt in eine Minderheit von Arbeitgebern und eine Mehrheit von Arbeitnehmern. Das Wissen über Wirtschaft blieb bei den Arbeitgebern, die Arbeitnehmer verloren es über die Generationen hinweg allmählich. Während das Wirtschaftsgen innerhalb der Unternehmerdynastien vererbt wurde, entwickelten die Arbeitnehmerdynastien im Zuge eines verhängnisvollen evolutionären Prozesses das Angestelltengen. Ihr seid die Generation, in der das Wirtschaftsgen endgültig verkümmert.

> *Das Wirtschaftsgen versetzt in die Lage,*
> *Geschäftsideen zu entwickeln und zu realisieren,*
> *das Angestelltengen befähigt zum Systemerhalten,*
> *Intrigieren und Herausschinden von Privilegien.*

Wenn euch statt des Wirtschaftsgens das Angestelltengen steuert, geht jede ökonomische Entscheidung, die ihr trefft, und jede wirtschaftliche und politische Entwicklung auf eure Kosten. Verkümmert das Wirtschaftsgen in einer Gesellschaft, gehen irgendwann nicht nur Privatpersonen, sondern auch Firmen und Länder pleite.

Der ökonomische Hausverstand ist euch angeboren, doch mit der Zeit lasst ihr ihn euch vom System abkaufen. Deshalb sucht ihr zum Beispiel einen sicheren Job, statt zu überlegen, wie ihr Geld verdienen könnt. Stellt euch einmal vor, die Lebensplanung aller Generationen hätte ausschließlich darin bestanden, einen möglichst sicheren Job zu finden. Wir würden seit Jahrzehnten in den Trümmern des Zweiten Weltkrieges sitzen und vergeblich darauf warten, dass die Amerikaner oder die Russen Arbeitsplätze schaffen. Denn es hätte kein Unternehmen gegeben, das die zerbombten Häuser wiederaufbaut, es hätte überhaupt keine Unternehmen und damit auch keine Konkurrenz, keine Innovation und keine Entwicklung gegeben. Doch ihr sitzt zu Hause und klagt lieber auf euren Sofas und in euren Chatrooms über Perspektivlosigkeit, statt euch selbst Perspektiven zu schaffen. Angesichts der Krise, in die Europa immer tiefer hineinsteuert, relativiert ihr damit die Versäumnisse der europäischen Jugendpolitik: Wenn nicht einmal ein wirtschaftlicher Engpass euren ökonomischen Hausverstand in Schwung bringt, schafft das auch kein EU-Programm zur Förderung von Jungunternehmern.

Drittens. Ihr seid die Generation, die nicht weiß, was sie will. Jene Schulkameradin, die sich bei den Politikern beschwert hat, habe ich einmal gefragt, was eigentlich ihr berufliches Ziel ist. „Keine Ahnung", sagte sie. „Ich würde inzwischen alles machen." Wer nicht weiß, was er will, dem kann niemand helfen, weder ein Politiker, noch der liebe Gott. Was immer er versucht, er rennt gegen Gummiwände. Ihr grübelt, belabert euch gegenseitig oder geht zu Beratern, aber außer schlaflosen Nächten, Kopfschmerzen, Nackenverspannungen und frühzeitigem Haarausfall kommt dabei nichts heraus. Denn die Art, wie ihr euren Lebensplan sucht, ist träge und dekadent. Ihr erforscht den hintersten Winkel eurer Seele nach Neigungen und dann studiert ihr die Philosophie der Antike, bloß weil ihr in einer postpubertären Phase der Sinnsuche Platons Höhlengleichnis über das Wesen des Guten cool gefunden habt. Das ist Selbstfindung für Sozialstaatskinder, die ohne Wirtschaftsgen ticken. Ihr seid nie genug unter Druck gewesen, um euch an der Nachfrage des Arbeitsmarktes zu orientieren.

> *Selbstverwirklichung ist, euch zu fragen, was die*
> *Welt braucht und was davon ihr bieten könnt.*

GEGENGIFT

Ihr lasst euch von den vermeintlichen Sicherheiten des Sozialstaates darüber hinwegtäuschen, dass den Arbeitsmarkt die Wirtschaft bildet und die Wirtschaft ein Dschungel ist. In diesem Dschungel geht es ums Überleben. Einen Schimpansen, der dort verträumt die Orchideen studiert, statt sich dem Lebenskampf zu stellen, frisst der Leopard.

eins

Die Welt, in der ihr lebt

Eure Illusionen über eure Zukunft haben verhindert, dass ihr in der Welt, in der ihr lebt, ankommt. In dieser Welt ist nichts mehr so, wie es für eure Eltern war. Um in dieser Welt erfolgreich sein zu können, müsst ihr ein paar Fakten akzeptieren.

Erstens. Das gesamte westliche Wirtschaftssystem ist praktisch pleite. Amerika ist überschuldet und Europa erst recht. Die Hälfte der europäischen Staaten steht vor dem unmittelbaren Bankrott. Griechenland, Portugal, Spanien, Italien, Belgien, Zypern und womöglich sogar Frankreich und England. Niemand tut etwas gegen die Pleite Europas. Die Verwaltung bleibt aufgebläht und lahm. Bürokratie und Überregulierung verschlingen Milliarden. Die noch halbwegs gesunden Staaten können die europäische Abwärtsspirale nicht aufhalten. Sie sind selbst nicht so gesund, wie sie aussehen. Bei der Berechnung ihrer Staatsschulden übersehen sie gerne Kleinigkeiten wie zukünftige Pensionsverpflichtungen, die Verschuldungen von Ländern und Gemeinden oder Haftungen für Eisenbahnen, Krankenhäuser und ehemalige Staatsbanken. Lägen alle Schulden auf dem Tisch, könnten sich selbst die Mathematikmuffel unter euch ausrechnen, dass den gemütlicheren Teil der europäischen Nachkriegsgeschichte eure Eltern konsumiert haben.

> *Wenn ihr nicht sehr rasch etwas daran ändert,*
> *kommt zuerst ein Absturz mit Tränen und dann,*
> *mit etwas Glück, der Wiederaufbau mit Blut und*
> *Schweiß. Anschließend seid ihr reif für die Rente, die*
> *ihr dann trotzdem nicht mehr bekommt.*

Zweitens. Europa enteignet euch schleichend über die Inflation. Amerika hat sich schon immer zur Inflation als Mittel gegen die Schuldenkrise bekannt. Der amerikanische Zentralbankchef Ben Bernanke hat bereits angekündigt, notfalls so lange Dollars drucken und von Helikoptern über Amerika abwerfen zu lassen, bis die Wirtschaft wieder wächst. In Europa ist die Tendenz die gleiche.

Den Reichen ist die Inflation egal. Ihr Vermögen besteht in realen Anlagen wie Immobilien oder Firmenanteilen. Den Armen ist die Inflation ebenfalls egal. Sie haben nichts, was sie verlieren können. Die Mittelschicht und euch erwischt die Geldentwertung voll. Der Mittelschicht nimmt sie einen Teil ihrer Sparguthaben, die auf der Bank weniger wert werden. Euch nimmt sie einen Teil eurer Zukunft, weil ihr für euer Geld weniger bekommen werdet. Nicht nur weniger Entertainment, angesagte Klamotten und schicke Mobiltelefone, sondern auch weniger Gesundheit, weniger Sicherheit und weniger Bildung für eure Kinder. Denn der Staat kann diese Dinge bald nicht mehr bezahlen. Wenn ihr in Zukunft gute medizinische Behandlung wollt und für eure Kinder Schulen ohne Metalldetektoren, werdet ihr cash dafür bezahlen müssen. Die Mittel dafür frisst euch die Inflation weg.

Drittens. Die europäische Solidarität geht zu Ende. Die rechten Populisten, die jetzt überall in Mode kommen, machen Schluss damit. Finnland und die Niederlande geben mit Geert Wilders und Timo Soini den Trend vor. In Österreich steigt Heinz-Christian Strache auf. Ihr simples Rezept zieht immer besser: Kein Geld für Pleitestaaten und keine Moscheen für ihr Land. Das Ganze garniert mit ein bisschen Jagd auf Banker und Leistungsträger sowie Wahlgeschenke für die Alten.

Ausgerechnet ihr macht die Populisten stark. In Österreich wählt bereits jeder Zweite unter dreißig eine Rechtspartei. Ihr fallt auf deren platte Sprüche herein, weil ihr eben die ökonomischen und politischen Zusammenhänge nicht kapiert und zu faul oder zu frustriert seid, um euch damit auseinanderzusetzen. Dabei ist es ziemlich einfach: Die EU müsste in Ländern wie Griechenland viel konsequenter eingreifen. Wenn sie solche Länder im Stich lässt, ist das Projekt Europa tot. Mit den Migranten solltet ihr euch lieber solidarisieren, als euch gegen sie ausspielen zu lassen. Sie sitzen mit euch im selben Boot. Ihr werdet ihre Hilfe und ihre Tatkraft beim Abtragen des Schuldenberges brauchen, den die Alten jetzt für euch anhäufen. Ohne Migranten würde Mitteleuropa endgültig in Faulheit erstarren oder einfach aussterben.

Viertens. Ihr werdet nicht mehr der Mittelpunkt der Welt sein, denn die Zukunft der Welt liegt nicht mehr in Europa. Sie liegt auch nicht in den USA oder in Japan. Die Zentren der Welt werden die aufstrebenden Märkte sein. In meinem Schlafzimmer hängen ein paar Porträts großer Investoren wie Warren Buffett und über dem Kopfende meines Bettes prangt ein Eurozeichen. Demnächst werde ich es durch die türkische Lira oder durch den chinesischen Yuan ersetzen müssen.

Die wirtschaftliche und politische Macht wird sich von den jetzigen Industrienationen nach Brasilien, in die Türkei und nach China, Indien, Indonesien, Korea und Chile verlagern. Die Menschen dort werden zum Teil reicher sein als ihr. Die Zentralen der wichtigsten Konzerne werden von New York, Berlin oder London allmählich nach Neu Delhi, Manila, Jakarta, Rio de Janeiro, São Paulo, Santiago de Chile oder Mexiko-Stadt abwandern. Wichtige wirtschaftliche Entscheidungen werden nicht mehr in Paris oder Rom fallen, sondern in Peking oder Istanbul.

Die Türkei wird sich allmählich zum wirtschaftlich stärksten Land Europas entwickeln. Die Auslandstürken in Deutschland, Österreich, Frankreich, Holland und der Schweiz dazugerechnet, ist sie jetzt schon das bevölkerungsreichste. Von Hamburg werden mindestens ebenso viele Flüge nach Istanbul wie nach Köln oder München abgehen. Als ich vor zwanzig Jahren anlässlich der Mathematikolympiade in Istanbul war, gab es noch einige Gründe, aus der Türkei auszuwandern. Sie war von Korruption, einer rückwärtsgewandten Politik, Hyperinflation und inneren Konflikten geprägt. Doch jetzt hat die Türkei eine starke Regierung, sie bietet Rechtssicherheit und die Infrastruktur ist gut. Der türkische Ministerpräsident Recep Tayyip Erdoğan, so umstritten er ist, tut etwas für die junge Generation. Während sich die EU mit ihren überbordenden Regulierungen selbst stranguliert, lässt er der Wirtschaft freien Lauf. Wenn ich jetzt in Istanbul bin, frage ich mich immer, warum sich so viele türkische Migranten lieber den engstirnigen Rassismus in Mitteleuropa antun, statt am faszinierenden Aufschwung der türkischen Metropole teilzunehmen.

> *Eure Eltern, die Aufsteigergeneration nach dem Wiederaufbau, konnten wirtschaftlich gesehen auf fast alle anderen Länder der Welt herabblicken. Ihr solltet euch schon einmal daran gewöhnen, mit dem Kopf im Nacken zu leben und nach oben zu blicken.*

Fünftens. Die Infrastruktur der Welt, in der ihr lebt, veraltet allmählich. Am stärksten fällt mir das bei Trips nach London auf, wo die U-Bahn nur noch begrenzt dazu taugt, von A nach B zu gelangen. Erst vor Kurzem habe ich wieder meinen Flieger verpasst, weil die Piccadilly Line einfach stecken geblieben ist. In Italien sind die Schienennetze eine Katastrophe. Einer meiner Kunden hat sich als Eisenbahnfan einen Luxuszug gekauft, so wie sich andere Leute einen Privatjet leisten. Damit fährt er jetzt in ganz Europa herum, bloß nicht in Italien.

Neben Griechenland hat auch Belgien, wo immerhin die Hauptstadt der EU liegt, fast schon die Infrastruktur eines Entwicklungslandes. Deutschland und Österreich investieren noch in die ihre, doch Stromnetze, Telefonleitungen, Straßen, Bahnverbindungen oder Flughäfen sind auch hier teilweise nicht mehr zeitgemäß. Die kroatischen Autobahnen sind jedenfalls besser und neuer, und im Vergleich zu China ist der Rückstand zum Teil noch größer. In den USA ist es noch schlimmer als in Europa. In einem fünfzig Jahre alten Kontrollturm des New Yorker LaGuardia-Flughafens müssen die Mitarbeiter wegen eines undichten Daches bei Regen Eimer aufstellen.

Eure Eltern haben mitleidig geschmunzelt und Abenteuerfotos geschossen, wenn sie durch brasilianische oder türkische Flughäfen zum Taxi gegangen sind. Künftig werden die Brasilianer und Türken in den europäischen Flughäfen mitleidig schmunzeln. Die Hotels in São Paulo sind schon jetzt besser als die in Lissabon und die U-Bahn in Peking ist besser als die in London. Im Tourismus ist es ähnlich. In Velden am österreichischen Wörthersee, wo ich im Sommer gerne bin, hat sich seit dreißig Jahren fast nichts geändert. Wer im April kommt, liegt dort auf feuchten Matratzen, weil die Heizungen nicht funktionieren, und wer sich im Sommer Kühlung in den drückend heißen Hotelzimmern wünscht, muss sich mangels Klimaanlagen einen Ventilator kaufen. Die Wirtschaft reagiert bereits. Die Luxuslabels ziehen ihre Läden ab. Velden wird bald ein historischer Ort sein, genauso wie ganz Westeuropa bald ein Ort der Geschichte sein wird. Die Zahl der Urlaubsflüge in die Türkei steigt schon jetzt jedes Jahr um fünfundzwanzig Prozent.

Wenn China eine Hochgeschwindigkeitsstrecke bauen will, wird sie gebaut. Auch demokratische Länder wie die Türkei können leicht in ihre Infrastruktur investieren. Die Menschen dort sind jung. Sie wollen etwas erreichen und wissen, dass Investitionen Chancen bringen. Erdoğan ließ zuerst den Flughafen im asiatischen Teil der Hauptstadt modernisieren und gewann anschließend seine Wahlen mit den Versprechen, einen Tunnel unter dem Bosporus und einen dritten Flughafen für Istanbul zu bauen. Geplante Dauer: fünf Jahre.

Der Ausbau des Londoner Flughafens Heathrow dagegen dauerte wegen Bürgerprotesten, notwendigen Parlamentsbeschlüssen und diversen Gerichtsverfahren 25 Jahre. Bei der vierten Startbahn am Frankfurter Flughafen waren es 13 Jahre. In Wien ist es das Gleiche. Die Bevölkerung blockiert schon ewig den Bau einer dringend nötigen dritten Piste. Ein Drittel bis die Hälfte der Kosten für ein Infrastrukturprojekt bestehen in Mitteleuropa aus bürokratischen Dummheiten wie Gutachten, Einsprüchen und Sicherheitswahn.

Bei einem Flughafenausbau kann ich das sogar noch irgendwie verstehen, aber ihr seid sogar gegen die Neugestaltung des Verkehrsknotenpunktes Stuttgart Sturm gelaufen. Obwohl Stuttgart 21 als Bahnprojekt ökologisch sinnvoll wäre. Es sorgt dafür, dass weniger Menschen mit ihren Autos die Straßen verstopfen und die Luft verpesten. Als ich euch im Fernsehen dagegen demonstrieren sah, fand ich euch richtig vertrottelt.

Ich dachte, dass ihr nicht ins Altenheim, sondern gleich in die Irrenanstalt eingewiesen gehört.

Für eure Blockaden von Infrastrukturprojekten mit Demos und Mahnwachen solltet ihr eigentlich wegen Landesverrates ins Gefängnis. Ihr torpediert dabei die wirtschaftliche Entwicklung eurer Heimat.

In den aufstrebenden Märkten funktionieren Investitionen, weil die Menschen jung sind und wie Junge denken. Bei uns sind die Menschen alt und ihr, die Jungen, denkt wie die Alten. Ihr wollt bewahren statt entwickeln. Ihr sucht eure Chancen im Sozialstaat statt in der Wirtschaft und merkt nicht, dass ihr ihn genau damit aushöhlt. Im Grunde wollt ihr wahrscheinlich, dass sich unsere Infrastruktur so weit zurückentwickelt, dass wir alle wieder bei Kerzenlicht herumsitzen. Bloß wäre das wegen der Brandschutzbestimmungen wahrscheinlich illegal.

Wo gebaut wird, wächst die Mittelschicht und die Jugend bekommt Chancen. Wo blockiert wird, schrumpft die Mittelschicht und die Jugend bekommt Sozialhilfe.

Sechstens. Eure Heimat wird nicht mehr so sicher sein wie bisher. Zu viele wehrlose gesellschaftliche Gruppen werden zu tief und zu hart fallen. Daraus entsteht eine gefährliche Mixtur. Die gewalttätigen Proteste in England im August 2011 waren ein Vorgeschmack darauf, was noch kommen kann.

Auch in Deutschland und im Rest Mitteleuropas. Hier züchtet der Sozialstaat eine wohlgenährte geistige Unterschicht heran. Schon jetzt ist in ihren Gettos wie Dietzenbach oder Neukölln alles verdreckt. Nicht weil sie es sich nicht anders leisten können, sondern weil sie keine Hoffnung und keine Ziele mehr haben. Jetzt zertrümmern die Bewohner aus Langeweile oder Ziellosigkeit noch Bushaltestellen, im nächsten Schritt werden es vielleicht schon Autos sein. Je schlechter der Staat diese Menschen versorgen kann, desto gefährlicher werden sie sein. Der sogenannte hausgemachte Terrorismus Europas wird zunehmen. No-Future-Kids, die irgendwann Bomben basteln, weil ihre Kraft zu purer Wut geworden ist und keinen anderen Kanal mehr findet.

Schon jetzt lautet die Frage, ob Athen und London wirklich noch sicherer sind als Buenos Aires. Demnächst ist vielleicht Istanbul sicherer als Berlin und sogar Johannesburg sicherer als London. Immerhin haben es die Engländer geschafft, ihre eigene Hauptstadt abzufackeln, was die Südafrikaner bisher noch nicht versucht haben. Frauenparkplätze in Tiefgaragen werden dann als Sicherheitsvorkehrungen nicht mehr reichen und mit der europäischen Reisefreiheit wird auch endgültig Schluss sein.

Die Welt, in der ihr lebt, ist im Begriff, zur Zweiten Welt zu werden. Teile Europas werden zu Entwicklungsländern verkommen. Die Entwicklungshilfeorganisationen sparen sich dann die Reisekosten nach Asien oder Südamerika, weil sie gleich vor Ort Hand anlegen können. Wenn nicht überhaupt eines

Tages türkische, brasilianische oder chinesische Entwicklungshilfeorganisationen zu uns kommen. Die können euch dann mit Spendengeldern aus ihrer Heimat zeigen, wie ihr eine kleine Schneiderei aufmacht, und euren Kindern in improvisierten Schulen unter freiem Himmel Wirtschaftsunterricht geben. In Ungarn und Portugal waren die Chinesen schon, allerdings war ihre Entwicklungshilfe nicht ganz selbstlos. Sie haben Staatsschulden übernommen, um im Gegenzug wirtschaftliche Vorteile in den beiden Ländern zu bekommen.

Eure Eltern sichern ihre Pfründe noch ab. Sie holen aus dem System noch heraus, was geht, bevor sie in Frührente gehen. Für euch wird nichts mehr da sein. Euch wird sich Europa vor allem von seinen Schattenseiten zeigen.

Ihr lebt schon jetzt in einem Überwachungssystem mit leicht zugänglichen Bewegungs-, Einkaufs-, Telefon- und Internetdaten, das hemmungsloser in eure Privatsphäre eingreift, als es sich selbst der KGB je hätte träumen lassen. Ihr seid einer Justiz ausgeliefert, die für jede Kleinigkeit so viele Gesetze kennt, dass am Ende wieder nur pure Willkür herrscht, und einer Polizei, die immer stärker gegen statt für euch arbeitet. Wenn Menschen vermisst werden, verrotten sie jahrelang in irgendwelchen Kellern und die Behörden zucken bedauernd mit den Schultern, doch hinter jedem dritten Brückenpfeiler ist inzwischen ein Radargerät auf euch gerichtet. Niemand rührt an den wahren Missständen. Europa entwickelt sich mit seiner jetzigen Struktur zu einem Albtraum, dessen Kosten ihr zu tragen haben werdet.

Plan B

Eure Reaktion auf die Entwicklung Europas ist Hoffen, Jammern und im äußersten Fall Demonstrieren. Solange ihr hofft, verhaltet ihr euch artig. Wenn eure Hoffnung schal wird, inszenieren sich ein paar von euch mit coolen Shirts und dunklen Augenringen als No-Future-Generation. Ein paar andere demonstrieren ein bisschen. Widerstand ist das nicht. Eine Kampfansage auch nicht. Eher Bettelei. Bitte, lieber Sozialstaat, vergiss uns nicht.

Die Wiener Studentenproteste gegen das schlechter werdende Bildungssystem zum Beispiel waren vielleicht als Aufruhr gemeint, in Wirklichkeit aber ein Akt der Hilflosigkeit. Ein Grüppchen von euch besetzte das Audimax der Uni Wien und Österreich sah im Fernsehen zu, bis es eurer Darbietung an Pointen mangelte. Als euch selbst langweilig wurde, seid ihr abgezogen und die Putztrupps der Uni haben eure Plastikflaschen und Burger-Schachteln weggeräumt. Herausgekommen ist dabei nichts.

Mit steigendem Druck werdet ihr vielleicht noch ein bisschen mehr demonstrieren. So wie die Engländer, die darin schon mehr Tradition haben. Oder wie die Spanier. Die haben Kleinstädte aus Sperrmüll und Trekkingzelten gebaut, um über die ach so schamlose Geldgier der Reichsten herzuziehen. Auch das war nichts weiter als Gejammer. Arme stehen vor der Tür der Reichen und schimpfen. Was soll das bringen?

Ihr seid nicht von Werten geleitet, wie es eure Eltern in den Sechzigerjahren waren. Auch das Gemurmel der spanischen Jugenddemonstranten vom nordafrikanischen Vorbild war nur peinlich. In Nordafrika ging es um Demokratie, Aufbruch und das Ende der Unterdrückung. Die Ziele waren idealistisch. Das eint und bringt Unterstützer auf den Plan. Euch geht es um persönlichen Nutzen, um Vorteile. Das macht eure Proteste unsexy. Die anderen gesellschaftlichen Gruppen spüren, dass ihr ihnen einfach nur etwas wegnehmen wollt, doch sie haben nichts zu verschenken.

Als die Spanier ihre Demos ohne Ergebnis abbrachen, hatten sie eine gut klingende Ausrede parat. Die Straßenproteste seien nur der sichtbare Ausdruck einer großen Bewegung gewesen, die sich in den sozialen Netzwerken abspiele. Die Wahrheit ist, dass es keine Jugendbewegung gibt. So, wie ihr es anstellt, wird es auch nie eine geben. Ihr werdet immer bloß eine frustrierte Notwehrgemeinschaft sein, egal wie radikal ihr werdet. In den Häusern, vor denen ihr demonstriert, sitzen keine Täter. Denn schuld sind nicht die bösen Unternehmer und ihre Banker. Schuld ist ein System, das die müden Alten bestimmen. Statt mit eigenen Ideen dagegen anzutreten, habt ihr euch selbst kastriert und es gehorsam verinnerlicht. Jetzt macht es mit euch, was es will, und dagegen auf die Straße zu gehen bringt nichts.

Wenn ihr feststellt, dass Hoffen, Jammern und Demonstrieren zwecklos sind, denkt ihr vielleicht eines Tages ans Auswandern. Die Frage ist bloß, wohin. Ihr könnt es als Gastarbeiter in Abu Dhabi oder in Doha versuchen. Dort boomt die Wirtschaft. Ihr müsst euch nur daran gewöhnen, Arbeitsverträge im Namen und nach dem Willen Allahs zu unterschreiben und auf offenen Alkoholkonsum zu verzichten.

Doch Auswandern ist anstrengend. Wenn ihr so viel Energie habt, könnt ihr gleich dableiben. Alles, was ihr dafür braucht, ist ein Plan B. Plan A war Schulabschluss, Studium, Job und Aufstieg auf der Karriereleiter. Plan A bestand im Prinzip darin, den Alten zu gefallen, die über die wirtschaftliche Macht verfügen, und mit der Krawatte um den Hals artig ihr System zu bedienen. Plan B besteht darin, eigene wirtschaftliche Macht aufzubauen.

Wer wirtschaftliche Macht hat, genießt auch politischen Einfluss. Die aufstrebenden Märkte gewinnen durch ihre wirtschaftliche Dynamik an Bedeutung in der Weltpolitik. Genau das Gleiche wird für euch gelten. Die „goldene Regel" des Selfmade-Milliardärs Frank Stronach bringt es auf den Punkt: Wer das Gold hat, macht die Regeln.

Wirtschaftliche Macht baut ihr auf, indem ihr Know-how sammelt, eine Idee entwickelt und euer eigenes Ding macht.

Wenn es viele von euch tun, ist das die wahre Bewegung. Ihr werdet Geld verdienen, und dieses Geld wird gegenüber dem Geld der Alten einen entscheidenden Vorteil haben. „New money beats old money", hat Donald Trump gesagt. Das neue Geld schlägt das alte. Neues Geld ist schnell, innovativ und hungrig. Altes Geld ist konservativ, bürokratisch und schwerfällig. Die reichen Alten wissen das. Wenn ihr die Initiative übernehmt, werden sie euch unterstützen. Dann seid ihr mit euren Ideen für sie ein gutes Investment.

> *Wenn ihr die Initiative übernehmt, wird euch die Welt früher oder später folgen. Sie wird es so lange tun, bis die nächste junge Generation nachdrängt, weil ihr in die Jahre gekommen seid und lieber eure Pfründe sichert und euer wohlerworbenes Vermögen genießt.*

Wenn ihr wirtschaftliche Macht aufbauen wollt, könnt ihr auf zwei Stärken setzen.

Erstens. Ihr verfügt über Einsichten, die den Alten fehlen. Ein 15-jähriger Praktikant namens Matthew Robson beschrieb einmal für die New Yorker Analyseabteilung der Großbank *Morgan Stanley* in einfachen Worten die Medienbranche. Er sagte nichts allzu Überraschendes. Printmedien seien ebenso auf dem absteigenden Ast wie Radio und Fernsehen, es mache einfach zu viel Mühe, die Seiten durchzuackern. Jugendliche würden nicht mehr so viel über das Mobiltelefon kommunizieren, weil

Plattformen wie *Facebook* günstiger wären. Seine Analyse schlug trotzdem ein. „Das sind einige der klarsten und aufrüttelndsten Erkenntnisse, die wir je gesehen haben", sagte einer der *Morgan-Stanley*-Chefs.

Vor allem kennt ihr euch viel besser mit IT aus. Darin liegt ein ungeheures wirtschaftliches Potenzial. Ich kenne einen jungen Mann, der sich in einer deutschen IT-Firma vom Azubi in die zweite Managementebene emporgearbeitet hat. Mit 16 absolvierte er eine Lehre in der Gastronomie und beschäftigte sich nebenbei mit Computern. Mit 19 fing er bei der IT-Firma an und bekam mit 25 seine jetzige Position, obwohl er nach wie vor ein Drittel seines Gehalts in Discos versäuft. Manchmal sitzt er bei Meetings IT-Leuten amerikanischer Konzerne gegenüber, alles große Tiere mit fetten Gagen, aber im Vergleich zu ihm kennen sie sich schon nicht mehr aus und er weiß das. Er hört ihnen zu, nickt artig und denkt, dass ihre Zeit abgelaufen ist.

Zweitens. Die Globalisierung ist auf eurer Seite. Sie bewirkt, dass jede Garagenfirma mit einer guten Idee einen Weltkonzern ins Wanken bringen kann. Der Weg von einer Idee zu ihrer internationalen Verbreitung war noch nie so einfach wie jetzt. Es gibt unzählige Beispiele dafür, die keiner weiteren Erklärung mehr bedürfen. *Facebook* und *Twitter*, oder die Fluglinie *Ryanair*.

Die Strukturen, die Konzerne so mächtig erscheinen lassen, behindern sie in Wirklichkeit. *British Petroleum* (*BP*) hat laut Zeitungsberichten einmal eine Abteilung geschaffen, um die Effizienz des Unternehmens zu kontrollieren, und eine Abteilung, die diese Abteilung kontrolliert. Dass der Konzern so planlos auf die 2010 von ihm verursachte Ölpest im Golf von Mexiko reagiert hat, ist eine Folge dieses Denkens.

Die amerikanischen Multis, früher die internationalen Vorbilder für marktorientiertes Denken, verstricken sich in Hunderten Verhaltensnormen, auch *Compliance-Regeln* genannt. Die füllen inzwischen einen dicken Wälzer und teilweise widersprechen sie einander sogar.

Als ich einmal eine Firma an Amerikaner verkaufte, schickten sie per Businessclass Anwälte um 15.000 Euro, die alle Spesenabrechnungen durchsahen. „You know", sagte der Firmenchef zu mir, „in our company compliance is first and business is second." (Bei uns kommen zuerst die Benimmregeln und dann das Geschäft.) Das macht die großen Tanker der US-Wirtschaft immer träger und lahmer und die Welt retten soll dann Barack Obama.

Für euch ist das eine Chance. Die wahre Macht liegt heute darin, diese Strukturen erst gar nicht aufzubauen. In solchen alten Strukturen beschäftigen sich viele Menschen träge mit sich selbst, während ihr eure volle Kraft auf eure Ideen konzentrieren könnt. Nichts kann auf Dauer einen Menschen aufhalten, der eine gute Idee hat und hartnäckig dafür kämpft.

Weil das hier ein Buch ist, will ich Amanda Hocking nennen. Sie war 26 Jahre alt, Altenpflegerin, schrieb neben ihrer Arbeit Vampirromane und suchte vergeblich einen Verlag. Wenn sie so wie ihr gestrickt gewesen wäre, hätte sie vielleicht dem Kunstministerium einen verbitterten Brief geschrieben oder mit ein paar frustrierten Leidensgenossen vor der Zentrale des *Carlsen*-Verlages demonstriert.

Amanda hat weder das eine noch das andere getan. Sie hat ihre Romane einfach selbst als E-Books veröffentlicht und damit *Carlsen* und all die anderen ziemlich alt aussehen lassen.

Eine Million Exemplare hat sie inzwischen verkauft. Anfragen wegen Filmrechten und Übersetzungen verweist sie an ihren Agenten.

Wirtschaftliche Macht aufzubauen ist relativ einfach, weil Wirtschaft relativ einfach ist. Kompliziert machen die Wirtschaft zwei Arten von Menschen.

Erstens. Die Professoren. Das sind Menschen, die noch nie ein Geschäft gemacht haben und ihre Zeit damit verbringen, sich mit wissenschaftlichen Abhandlungen voller Fremdwörter über simple Dinge zu profilieren. Wenn ihr nicht aufpasst, stehlen euch solche Leute an der Uni Jahre, und von der Urkunde, die ihr dafür bekommt, könnt ihr euch nichts kaufen.

Vergangenes Jahr war so ein Mann bei mir. Er war ein würdevoller Uni-Professor für Biologie, hatte eine Erfindung gemacht und suchte Kapital für eine Firmengründung. Er fing gigantisch zu schwafeln an, doch ich unterbrach ihn. „Wo sind die Patente?", fragte ich ihn. Er erklärte mir, dass die Patente ihm privat gehören würden, weil sie schließlich sein Lebenswerk seien. Der Firma wollte er nur ein Nutzungsrecht einräumen. Damit wollte er schon weiter schwafeln, doch ich unterbrach ihn abermals. „Sie können jetzt aufstehen und gehen, Herr Professor", sagte ich. Er benutzte seine Professorenwürde, um sich an der Uni über mich zu beschweren. Dabei ist die Sache so einfach, dass sie wirklich jedes Kind versteht. Wenn das wichtigste Kapital einer Firma, in diesem Fall ein Patent, nicht ihr gehört, ist sie wertlos. Wer in so etwas Geld steckt, ist ein Dummkopf.

Zweitens. Die Bürokraten. In der Wirtschaft kommen auf einen, der ein Geschäft macht, etwas produziert oder Dienstleistungen erbringt, fünf Bürokraten, Tendenz steigend. Diese Leute dokumentieren, überprüfen, fragen, ob alles gesetzeskonform ist, oder erstellen unnütze Powerpoint-Präsentationen. Um sich selbst zu rechtfertigen, machen sie alles möglichst schwierig. Sie mögen keine direkte Sprache. Sie bleiben lieber indirekt und schwafeln ebenfalls viel.

Selbst Investmentbanking ist relativ einfach zu verstehen. Investmentbanker beschaffen Geld für andere und sie verkaufen oder kaufen im Auftrag ihrer Kunden Firmen. Investmentbanking genießt den Ruf einer elitären Geheimwissenschaft, dabei reichen durchschnittliche Intelligenz, eine kaufmännische Lehre und wirtschaftlicher Hausverstand völlig, um diesen Beruf auszuüben. Wenn ich zum Beispiel eine Firma kaufe oder verkaufe, stelle ich zuerst den Wert der Firma fest. Das ist gar nicht so schwer. Ich gehe immer nach den gleichen sechs Schritten vor.

Erstens. Ich bestimme den *Cashflow*. Der Cashflow ist der Zufluss an Geld abzüglich der Ausgaben, die das Unternehmen hat.

Zweitens. Den Cashflow multipliziere ich mit vier bis zehn. Der Faktor hängt von seiner Entwicklung in der Vergangenheit und von den Prognosen ab. Ist er stark gesunken und sind die Prognosen negativ, nehme ich eher vier, ist er bei guten Prognosen zuletzt stark gestiegen nehme ich eher zehn. Der Rest liegt dazwischen.

Drittens. Zu der Summe, die dabei herauskommt, addiere ich nicht betriebsnotwendiges Vermögen. Wenn also zum Beispiel auf den Konten des Unternehmens drei Millionen Euro herumliegen, zähle ich diese drei Millionen dazu.

Viertens. Die Schulden, die das Unternehmen bei Banken, Lieferanten und dem Finanzamt hat, ziehe ich ab.

Fünftens. Offene Forderungen des Unternehmens, also zum Beispiel noch nicht beglichene Rechnungen von Kunden, addiere ich. Davor kontrolliere ich, ob diese Forderungen werthaltig sind. Dazu sehe ich mir einfach an, wie lange sie schon bestehen. Bestehen sie schon lange, ist die Hoffnung gering, dass der Schuldner noch zahlt.

Sechstens. Ich sehe nach, ob Altlasten wie Rechtsstreitigkeiten, Umweltlasten oder patentrechtliche Probleme bestehen, die das Unternehmen in Zukunft Geld kosten könnten. Wenn ja, ziehe ich diese Kosten ebenfalls ab.

Unter dem Strich steht jetzt der Preis, den die Firma wert ist. Wenn ich sie kaufe, biete ich diesen Preis minus zwanzig Prozent als Verhandlungsspielraum nach oben. Wenn ich sie verkaufe, verlange ich diesen Preis plus zwanzig Prozent als Verhandlungsspielraum nach unten. Gibt es mehrere Interessenten, verkaufe ich an den Bestbieter.

Wirtschaft ist einfach und macht Spaß. Trotzdem zelebrieren sie selbst Wirtschaftsuniversitäten als eine Art Geheimwissenschaft und ergehen sich in sinnlosen Details. Vor Kurzem habe ich einen meiner Praktikanten gefragt, ob er an der Uni schon gelernt hat, eine Bilanz zu lesen. Das nicht, meinte er. Er habe dafür eine Vorlesung mit dem Titel „Stab und Stellen" besucht. Es ging darum, welcher Mitarbeiter welchen Vorgesetzten wann, wie und womit ansprechen darf. Es handelte sich um eine Vorlesung nicht an irgendeiner, sondern an einer Frankfurter Wirtschaftsuniversität. Selbst dort wird Bürokratie statt brauchbaren Wissens unterrichtet. Deshalb gehen selbst die ökonomisch Gebildeten unter euch bei allem, was sie ökonomisch tun, wie Dummköpfe vor. Dabei lässt sich alles Wesentliche, das ihr braucht, um Geld zu verdienen und zu investieren und damit Macht, Freiheit und politische Gestaltungsmöglichkeiten zu erlangen, in relativ kurzer Zeit erklären. Ich behaupte, dass vier Abendessen dafür reichen.

ABENDESSEN
eins

Thema eins

der Weg der Sachbearbeiter

Ihr betrachtet einen Beruf als eine Art Lifestyle-Konzept und denkt dabei höchstens darüber nach, wie ihr euch verkauft, aber kaum darüber, was ihr zu verkaufen habt. Ihr wollt einen Job mit einer interessanten, abwechslungsreichen Tätigkeit, möglichst freier Zeiteinteilung, niemandem, der euch herumkommandiert, einem tollen Gehalt und wenig Risiko. Diesen Job gibt es nicht. Wer wenig arbeitet und wenig Risiko übernimmt, wird immer auch wenig verdienen. Fantasten, die ihr seid, macht ihr euch trotzdem auf die Suche danach. Ihr lest die Stellenanzeigen, fragt Papa, Mama, Onkel und Tante, ob sie jemanden kennen und schickt stapelweise Blindbewerbungen aus.

Das Datum steht darin an genau der richtigen Stelle, der Betreff hat genau den richtigen Abstand zur Anrede, der Brief hat genau die richtige Länge und bei der Beschreibung eurer Berufserfahrungen übertreibt ihr ein wenig. Wenn ihr vor einem Kaufhaus an Frauen Flugzettel für Kosmetik verteilt habt, nennt ihr das „Distribution von Kommunikationsmitteln an eine ausgewählte Zielgruppe".

Wenn ihr besonders angesehene Schulen besucht habt, eure Zeugnisse besonders gut waren oder ihr in besonders kurzer Zeit studiert habt, ist euer Anspruch ans Arbeitsleben besonders hoch. Dann schickt ihr eure perfekten Bewerbungen mit dem perfekten Foto und der perfekten Vita an besonders große und bekannte Unternehmen. Deren Namen würden sich in eurem Lebenslauf besonders gut machen, findet ihr, und Papa, Mama, Onkel und Tante wären besonders stolz auf euch. Waren eure Schulen, eure Noten und eure Semesterzahl eher durchschnittlich, seid ihr bescheidener. Dann schreibt ihr auch an Firmen, deren Namen ihr noch nie gehört habt.

Ihr seid ein Heer von Lemmingen, das die Personalabteilungen mit faden Bewerbungen bombardiert. Bei den meisten landen sie ungelesen im Papierkorb. Inzwischen überlegen sich die Firmen sogar schon, wie sie eure Bewerbungsflut fürs Marketing oder für die Imagewerbung nützen können. Ich weiß von einem erfolgreichen Lebensmitteldiscounter, der jedem Bewerber einen persönlichen Brief schreibt. Darin steht, warum er keinen Job bekommt, was natürlich nie etwas mit ihm persönlich zu tun hat. Dem Kuvert beigefügt ist ein Einkaufsgutschein. Das ist wirklich mehr, als ihr erwarten könnt.

Ich lese eure Blindbewerbungen manchmal. Es fasziniert mich, dass manche trotz eurer Artigkeit gar nicht so perfekt sind. Viele sind voller Rechtschreib- und Formulierungsfehler, als wärt ihr in Wirklichkeit Punks, die mit ihren Hunden vor U-Bahn-Stationen sitzen, Geld schnorren und Rotwein aus dem Karton trinken. Irgendwie würde euch das sogar interessanter machen.

Euer Hauptproblem ist, dass es die Jobs, die ihr euch damit angeln wollt, kaum noch gibt. Ihr jagt einem Phantombild hinterher.

> *Die Jobs, die ihr euch wünscht, haben vielleicht eure Eltern noch, und die kommen damit vielleicht noch bis zur Rente durch. Nachbesetzt werden sie kaum noch, jedenfalls nicht zu gleichen Konditionen.*

Verlässt ein Angestellter eine Firma, folgen ihm meist freie Mitarbeiter, Teilzeitkräfte oder Azubis. Bei der *Lufthansa* zum Beispiel ist die Zahl der Piloten mit klassischen Arbeitsverträgen bei Weitem nicht im gleichen Verhältnis gewachsen wie die Flotte des Konzerns. Die zusätzlichen Flüge erledigen billigere und flexiblere Piloten in Tochtergesellschaften der *Lufthansa*, die dann *„Augsburg Airways"*, *„Cityline"* oder *„Germanwings"* heißen.

Wenn ihr doch noch einen Angestelltenjob abbekommt, hat er einige gravierende Nachteile.

Erstens. Ein klassischer Angestelltenjob ist zur unsichersten Art geworden, Geld zu verdienen.

> *Wenn ihr euch als Angestellte wie Fische im*
> *Wasser treiben lasst, kommt irgendwann mit*
> *Sicherheit ein Hai und frisst euch auf. Der Hai*
> *heißt Wirtschaftskrise, Restrukturierung oder*
> *Outsourcing.*

Der Hai kann als neuer Chef kommen, bei dem ihr euch nicht im richtigen Tonfall angedient habt, oder als neuer Chef eures Chefs, der unter sich mal kräftig aufräumt und seine eigenen Leute mitbringt. Die Haie kommen in guten wie in schlechten Zeiten. Als die englische Bank *HSBC* vor Kurzem hohe Gewinne präsentierte, sprach sie gleichzeitig 30.000 Kündigungen aus. Der neue Vorstand hatte Ziele. Er wollte das Unternehmen schlanker und rentabler machen.

Zweitens. Ihr seid ersetzbar. Denn Sachbearbeiter schieben Dinge von A nach B und von B nach C, verwalten die Erfolge anderer und handeln nach Vorschriften, die andere für sie gemacht haben. Es ist ziemlich egal, ob solche Aufgaben Sachbearbeiter 351 oder Sachbearbeiter 425 erfüllt.

> *Angestellte heißen in den Firmen Disponenten,*
> *Analysten oder Junior Consultants, aber in*
> *Wirklichkeit sind sie einfach Sachbearbeiter. Sie treffen keine wirtschaftlichen Entscheidungen, bahnen*
> *keine großen Geschäfte an, verfassen keine Verträge,*
> *verkaufen nichts und tragen kaum Verantwortung.*

Drittens. Sachbearbeiter verdienen wenig. Sie sind keine Leistungsträger und haben keine Verhandlungsmacht. Als Angestellte könnt ihr bei Gehaltsverhandlungen argumentieren, dass Kollege 212 oder Kollegin 427 für die gleiche Arbeit mehr bekommt. Das führt dann vielleicht dazu, dass Kollege 212 oder Kollegin 427 fliegen. Um die Kollegen täte es euch wahrscheinlich nicht leid, aber danach würdet ihr auf der Einkommensliste weiter oben stehen und den Controllern in der Zentrale, die euch gar nicht kennen, eher auffallen. Dann seid vielleicht ihr es, die beim nächsten Einsparungsprogramm fliegen, egal wie brav ihr die Dinge von A nach B und von B nach C schiebt. Also fragt ihr erst gar nicht nach einer Gehaltserhöhung. Gut für euren Verbleib in der Firma, aber schlecht für eure Lebensqualität. Von dem Wenigen, was ihr verdient, zahlt ihr dann auch noch die höchsten Steuern aller Einkommensgruppen.

Viertens. Eure Konkurrenz wird härter. Sie besteht nicht mehr nur aus den billigeren Osteuropäern, sie ist längst global. Wenn ihr in einem Callcenter anruft, steht das Telefon am anderen Ende der Leitung vielleicht in Indien oder in der Türkei. Dort sind die Löhne niedriger und wenn einmal weniger Anrufe kommen, lassen sich die Dienstverträge leichter lösen.

Fünftens. Bequem ist ein Angestelltenjob schon lange nicht mehr. Wenn ihr gut dastehen wollt, müsst ihr ziemlich viel schuften. Spannend sind die in den vergangenen Jahren dazugekommenen Belastungen nicht. Ihr müsst schon auf den untersten Hierarchieebenen viel Zeit für die Erhaltung eures

Jobs aufwenden. Ihr müsst noch mehr dienen und euch gegen Mobbing von oben, links, rechts und unten wehren. In großen Unternehmen, vor allem in den börsennotierten und halbstaatlichen, grassiert der Bürokratiewahn. Dort müsst ihr inzwischen jede Bewirtungsrechnung fünfmal dokumentieren, weil es sich um einen Bestechungsversuch handeln könnte. Wenn ihr zu viele langweilige Dinge erledigen müsst, leidet ihr an Boreout und werdet vor lauter Desinteresse und Unterforderung lethargisch.

Sechstens. Eure Karrierechancen als Sachbearbeiter sind beschränkt. Denn ihr erlernt keine Fähigkeiten, die ihr für höhere Aufgaben braucht. Einem Manager hilft es nicht, wenn er gut Zettel ausfüllen, Powerpoint-Präsentationen erstellen und verwalten kann. Ein Manager muss wissen, wie er Entscheidungen trifft, Mitarbeiter motiviert, Verhandlungen führt, Risiken einschätzt, mit Fehlentscheidungen umgeht und Krisen meistert. Von Obersachbearbeitern könnt ihr das nicht lernen. Die haben davon selbst keine Ahnung.

Wenn ihr innerhalb eurer Möglichkeiten doch aufsteigt, erhöht ihr euer Risiko, ersetzt zu werden. Die Verweildauer der Ober-Ober-Sachbearbeiter sinkt. Oft genug verschwinden Ober-Ober-Sachbearbeiter während eines Firmenkaufs oder -verkaufs aus den Reihen meiner Verhandlungspartner, weil sie mitten in der Transaktion von ihren Bossen gefeuert werden.

Mir fallen wirklich wenige Gründe für ein Berufsleben als Angestellter ein. Vielleicht wollt ihr es trotzdem versuchen.

Vielleicht findet ihr einen mühsamen Vorgesetzten und eine langweilige Aufgabe angenehmer als den Druck, es mit einer eigenen Idee zu versuchen. Immerhin bekommt ihr als Angestellte jeden Monatsersten Geld, wobei es ziemlich egal ist, wie gut ihr eure Aufgabe erledigt. Mit ein bisschen Abstumpfung prallt der Angestelltenstress vielleicht von euch ab, und eure Erfüllung müsst ihr eben außerhalb eurer Arbeitszeiten finden. Wenn ihr euch gegen meine Empfehlung für so ein Dasein entscheidet, würde ich an eurer Stelle acht Dinge tun.

Erstens. Ich würde mich zuerst fragen, ob ich verkaufen kann. Ein guter Verkäufer muss extrovertiert sein, verkaufen kann deshalb nicht jeder. Wer es kann, ist als Angestellter privilegiert. Gute Verkäufer sind Leistungsträger. Ihre Chefs tun alles, um sie bei Laune zu halten und tolerieren ihre Allüren und Sonderwünsche. Denn Verkäufer bringen das Geld ins Haus. Sie sind schwer ersetzbar und wenn die Firma, die Branche oder die ganze Wirtschaft kracht, werden sie als Letzte gefeuert.

Jede Firma braucht gute Verkäufer. Auch ich brauche welche. Sie bringen mir Kunden, für die ich bei Finanzierungen beraten oder deren Unternehmen ich verkaufen kann. Sogar karitative Organisationen brauchen Verkäufer, bloß heißt es dort nicht Verkauf sondern Fundraising.

Verkäufer sind messbar und wenn sie gut sind, verdienen sie dank ihrer Erfolgsbeteiligungen auch gut. Viele von euch sind sich aber zu gut für den Verkauf und es mangelt euch an Frustrationstoleranz. Als Verkäufer müsst ihr Klinken putzen können und wissen, dass es keine bösen Menschen gibt, die eure Produkte nicht wollen, sondern bloß welche, denen ihr sie falsch angeboten habt. Wenn ihr bei der Vordertür rausfliegt, müsst ihr mit einem neuen Plan und neuen Argumenten bei der Hintertür wieder hereinkommen. Doch der Sozialstaat hat euch die Frustrationstoleranz abtrainiert. Beim dritten Kunden, der nicht kaufen will, geht ihr zum Psychotherapeuten und beim fünften wegen Burn-out-Verdachtes in die Notaufnahme eures örtlichen Krankenhauses.

Zweitens. Ich würde die Branche, in der ich arbeiten will, einem Realitätscheck unterziehen. Auf die Art könnt ihr euch von Klischees, Illusionen und Kindheitsträumen verabschieden. Nicht jeder, der ein ausgeprägtes Umweltbewusstsein hat, will dann noch Biobauer werden. Er fühlt sich vielleicht bei einem Hersteller von Filterreinigern wohler. Siebzig Prozent von euch glauben Umfragen zufolge irgendwann in ihrem Leben, für die Schauspielerei oder die Schriftstellerei bestimmt zu sein. Ich kenne mich weder mit dem einen noch dem anderen aus, aber ich wette, dass auch diese Tätigkeiten in der Praxis längst nicht so schillern wie in euren Vorstellungen.

> *Jeder von euch, der sich für einen Psychologen, Theaterwissenschaftler oder Publizisten hält, sollte sich die Studentenzahlen dieser Fächer an den Unis ansehen. In der Evolution wäre etwas gründlich schiefgelaufen, hätte sie tatsächlich so viele Begabungen in diesen Gebieten hervorgebracht.*

Drittens. Unter den Branchen, die mir gefallen, würde ich mir die mit dem stärksten Wachstumspotenzial aussuchen. Die Branchen, die im Moment sexy sind, haben nicht zwangsläufig Zukunft. Jeder zweite Wirtschafts-Absolvent will zu einer großen Unternehmensberatung, weil die früher Kaderschmieden waren. Wer es dorthin schafft, denkt ihr noch immer, sitzt früher oder später in einem Vorstand eines großen Unternehmens. Als die Consulter tatsächlich noch Kaderschmieden waren, hättet ihr nicht hingewollt. Es war die Pionierzeit des Beratungsgeschäftes und ein Karrierestart dort galt noch als etwas schräg. Inzwischen haben die großen Unternehmensberatungen Zehntausende Mitarbeiter und die weniger bekannten schließen sich zu Netzwerken zusammen, weil der Markt übersättigt ist. Kaderschmieden sind sie alle nicht mehr. Eine Kaderschmiede ist immer klein und elitär.

IT wird noch lange eine interessante Wachstumsbranche bleiben, und ansonsten hilft ein Blick in die USA. Die geben noch immer die Trends vor. In den Neunzigern kam der Event- und Entertainment-Trend von dort nach Europa. Wer das erkannte, konnte im Event-Management Karriere machen. Auch die Billig-Airlines kamen aus den USA und haben den Markt revolutioniert. Wer vom Start weg an Bord war, sitzt jetzt wahrscheinlich in der Führungsetage.

> *In den kommenden Jahren werden Umweltthemen wie Energieeffizienz eine große Rolle in der Wirtschaft spielen, außerdem privatwirtschaftlich geführte Gesundheits- und Bildungseinrichtungen*

> sowie Verkehrslösungen. Auch islamisches Banking
> für Migranten, denen ihre Religion das Bezahlen und
> Kassieren von Zinsen verbietet, hat Zukunft.

Viertens. Ich würde die Firmen, bei denen ich mich bewerbe, nach den gleichen Gesichtspunkten auswählen wie ein Investor.

> Sucht euch innerhalb der Branchen, die für euch infrage kommen, jene Unternehmen, die noch unbekannt sind und Zukunft haben.

Für die Wahl des richtigen Unternehmens gilt das Gleiche wie für die Wahl der richtigen Branche. Es zählt nicht, was jetzt sexy ist, sondern was in Zukunft sexy sein wird. Die Leute, die in der Stunde Null oder in der Stunde Eins bei *Microsoft* dabei waren, haben es nach oben geschafft. Sie mussten dafür nicht so genial sein wie Bill Gates. Es reichte, wenn sie halbwegs gut und engagiert waren. Die Sekretärinnen aus der Startphase von *Microsoft* sind inzwischen Millionäre geworden und womöglich sogar die Putzfrauen.

Wer am Anfang bei der richtigen Sache dabei ist, wird oft sehr reich. Erwin Conradi war von der Stunde Null an Buchhalter des *Metro*-Gründers Otto Beisheim und hat für ihn im Prinzip Erbsen gezählt. Jetzt ist er selbst einer der reichsten Männer der Schweiz. Die Zimmerkollegen von Mark Zuckerberg, die dabei waren, als er *Facebook* gründete, sind mit ihren wenigen Anteilen an *Facebook* inzwischen auch Multimilionäre.

Die Wahl der richtigen Firma braucht etwas Aufmerksamkeit. Ihr könnt euch zum Beispiel einen Eindruck vom Firmenchef verschaffen. Ist er eine charismatische, ehrliche Führungskraft, die Ziele hat und ihr Handwerk versteht? Oder stehen in der Firma Bürokraten, Idioten oder Verbrecher an der Spitze? Im ersten Fall ist die Firma für euch interessant. Sie wird wachsen, und wer wächst, braucht neue Leute und die bestehenden Leute steigen auf. Im zweiten Fall lohnt es die Mühe nicht. Unter Bürokraten gedeihen keine Jobs. Arbeitsplätze werden dort nur frei, wenn jemand freiwillig geht, und bei solchen Firmen sind das meistens die guten Leute, deren Abgang sie weiter schwächt.

Fragt euch, ob die Firma in ihrer Branche den Ton angibt oder ob sie mitschwimmt. Vielleicht bietet das Internet Informationen darüber. Oder geht einfach hin. Wenn es sich um ein Hotel handelt, beobachtet, ob das Personal passiv und mit gesenkten Köpfen herumsteht – das wäre die falsche Firma – oder ob ihr als potenzieller Gast lächelnd begrüßt werdet – das ist die richtige. Die Firma wird, wenn ihr dort anfangt, eine ganze Weile euer Leben bestimmen. Euer Chef wird vielleicht sogar euren Charakter prägen. Ein Chef ist ein Vorbild, ihr blickt zu ihm auf, und wenn er ein Gartenzwerg ist, werdet ihr auch ein bisschen zu Gartenzwergen. Wenn er ein Bürokrat ist, werdet ihr vielleicht selbst mehr zu Bürokraten, als euch lieb ist. Wenn er brillant ist, habt ihr die Chance, selbst brillant zu werden.

Fünftens. Ich würde eine Top-Ten-Liste der für mich interessanten Firmen entwickeln und mir für jede Firma ein kreatives

Konzept überlegen, um an einen ihrer Entscheidungsträger heranzukommen. Per Blindbewerbung auf einen Vorstellungstermin zu hoffen ist auch bei unbekannten Unternehmen Unfug. Allein mit dem Versuch deklariert ihr euch als Langweiler, da könnt ihr das Wort „kreativ" noch so oft in euren Lebenslauf schreiben.

Mit einer kreativen Bewerbung meine ich keine von der super lustigen Art, die eure potenziellen Chefs nur nerven. Der Lebenslauf als Comic oder die Bewerbung als Beibrief zu einem Korb mit Spezialitäten aus eurer Region wirken nicht besonders seriös.

Ein Bewerber, der unbedingt zu *Google* wollte, richtete die Webseite „googlehireme.com" ein und stellte sich dort mit einem peinlichen Video vor. Nach dem öffentlichen Aufsehen um seine Kampagne reagierte die Personalabteilung von *Google* sogar. Er möge es doch bitte über die üblichen Kanäle versuchen, bat sie ihn.

Kreativ ist es schon eher, wenn ihr einen Entscheidungsträger eurer Wunschfirma bei einem Vortrag ansprecht. Viele Führungskräfte halten Vorträge, die sich im Internet recherchieren lassen. Sinn macht das aber auch nur dann, wenn ihr euch vorher in das Thema einlest.

Kreativ ist es, wenn ihr es schafft, euch in die Lage so eines Entscheidungsträgers zu versetzen. Wie ist er, was tut er, was braucht er? Womöglich hat gerade eine wichtige Mitarbeiterin gekündigt und er sucht Ersatz. Dann kommt es darauf an, das zu wissen und zum richtigen Zeitpunkt zur Stelle zu sein. Auf diese Art könnt ihr einen Job ganz einfach und oft binnen eines einzigen Tages bekommen.

Im Internet lassen sich alle möglichen Dinge recherchieren. Ein Freund von mir hat sich dreimal bei derselben Firma beworben. Die ersten beiden Male wurde er vertröstet. Beim dritten Mal kam er an einen Mann, von dem er wusste, dass er ein kleines Weingut besaß und ausgesprochener Weinliebhaber war. Über den Job redeten die beiden kaum, am Ende hatte er ihn trotzdem.

Informationen über eine Firma könnt ihr auch bei der Konkurrenz bekommen. Die meisten Unternehmer reden viel über ihre Konkurrenten, meist Negatives, aber trotzdem könnt ihr daraus lernen. Ein Angebot von einem Konkurrenten vorweisen zu können, und sei es auch noch so vage, kann überhaupt ein Turbo bei jedem Bewerbungsgespräch sein.

> *Je mehr Informationen ihr über einen für euch interessanten Arbeitgeber sammelt, desto kreativer könnt ihr bei der Bewerbung sein.*

Wenn ihr euch vor einem Treffen mit so einem Entscheidungsträger gründlich informiert, habt ihr schon die Hälfte eurer Mitbewerber aus dem Feld geschlagen. Denn die sind zwar zahlreich, aber nicht besonders smart. Es kommt eher selten vor, dass Bewerber überhaupt wissen, was meine Firma tut. „Ich hatte gehofft, dass Sie mir etwas darüber erzählen würden", sagen sie, und das war's dann immer auch schon.

Vor einiger Zeit kontaktierte mich ein junger Mann über *Facebook*, nachdem er mein erstes Buch „Investment Punk – Warum ihr schuftet und wir reich werden" gelesen hatte. Er schrieb mir, dass er auch reich werden wolle, und fragte mich, ob ich ihm dabei helfen könne. Er stammte aus Stuttgart, war zwanzig und hatte noch nicht einmal Abitur. Bei meinem nächsten Aufenthalt in Stuttgart traf ich ihn trotzdem. Er war anfangs ziemlich nervös und rauchte in den ersten zehn Minuten drei Zigaretten. Doch er beeindruckte mich, weil er aus einfachen sozialen Verhältnissen kam, neben der Schule jobben musste und dabei ziemlich gut verdiente. Inzwischen arbeitet er für mich als Immobilienmakler. Wenn er sich so beworben hätte, wie ihr es gerade in der Schule lernt, hätte er sicher noch keinen Job.

Besonders kreativ ist es, wenn ihr einen Bedarf erkennt, bevor ihn euer potenzieller Chef erkannt hat. Käme ein Düsseldorfer zu mir und würde mir vorschlagen, meine Immobiliengeschäfte von Frankfurt, Wiesbaden und Wien in seine Heimatstadt auszuweiten, weil er mich dort mit seinen Stadtkenntnissen vor Anfängerfehlern bewahren könnte, hätte er meine volle Aufmerksamkeit. Würde dann auch noch die Chemie passen, was auch immer eine Rolle spielt, würde ich ihm wahrscheinlich eine Chance geben. Zumindest würde ich seine Nummer speichern und vielleicht käme der Zeitpunkt.

Sechstens. Ich würde offen mit meinen Schwächen umgehen. Euer potenzieller Chef erwartet wie gesagt eher einfache Dinge von euch. Dazu gehören Flexibilität, Arbeitserfahrung, Fremdsprachenkenntnisse und gute Kenntnisse im Umgang mit dem Computer und dem Internet. Streicht eure Stärken heraus, aber sagt auch, worin ihr nicht so gut seid. Das schafft

Vertrauen und eine realistische Basis für eine Zusammenarbeit. Es hat keinen Zweck, wenn ihr euch rühmt, in allen möglichen Programmen sattelfest zu sein, und dann nicht einmal wisst, wie ihr einen Computer einschaltet.

Ich frage Bewerber immer nach ihren Schwächen. Wenn einer meint, keine zu haben, sage ich ihm, dass für ihn nur die Stelle als mein Vorgesetzter infrage käme, aber die gäbe es leider nicht.

Siebtens. Ich würde bei meinen Gehaltswünschen realistisch bleiben. An einem Tag, an dem ich nicht besonders gut aufgelegt war, bat ich einen Bewerber, der gerade sein Studium beendet hatte, eine konkrete Summe zu nennen. „Sagen Sie einfach, wie viel Sie sich vorstellen", forderte ich ihn auf. Um den Preis, den er mir nannte, hätte ich drei Slowaken, fünf Azubis, zehn Serben oder fünfzig Inder bekommen. Er wäre vielleicht besser als jeder Einzelne von ihnen gewesen, aber sicher nicht besser als alle zusammen. Vermutlich wäre sogar jeder Einzelne von ihnen fleißiger als er gewesen. Mit offenem Mund starrte er mich an, als ich ihm das sagte.

Achtens. Ich würde mich von einer Ablehnung nicht enttäuschen lassen. Jobsuche ist immer Verkauf und dafür braucht ihr wie gesagt Frustrationstoleranz. Mehr als hinausgeworfen könnt ihr nicht werden. Bei neun von zehn Fällen werdet ihr vielleicht tatsächlich hinausgeworfen, aber ihr braucht nicht zehn Jobs, sondern nur einen. Selbst wenn ihr hinausgeworfen werdet, könnt ihr es, wie ein guter Verkäufer, mit neuen

Argumenten noch einmal versuchen. Wenn ihr es ernst meint und eure Argumente seriös, ehrlich und von Leistungswillen getragen sind, nervt ihr damit niemanden. Ich hatte so einen Fall. Der junge Mann probierte es immer wieder. Wenn er den Job unbedingt will, dachte ich irgendwann, dann soll er ihn haben. Er hat sich auch als Glücksgriff entpuppt.

Wenn ihr so vorgeht, findet ihr garantiert einen Job, der zu euch passt. Denn für ehrliche, fleißige Menschen mit Hausverstand, die etwas erreichen wollen, gibt es immer genug zu tun. Für die gibt es allerdings nicht nur genug Jobs, sondern auch genug bessere Möglichkeiten, Geld zu verdienen.

Thema zwei

aufsteigen

Viele von euch träumen davon, ein Zampano zu werden – Vorstand eines Konzerns, Seniorpartner einer Rechtsanwaltskanzlei oder Beratungsfirma, Investmentbanker oder Immobilienmanager. Ein Teil von euch glaubt, gleich ganz oben anfangen zu können. Ein anderer Teil meint, sich als Sachbearbeiter hochbuckeln zu können. Beides beruht auf euren falschen Vorstellungen von so einem Spitzenjob, die Hollywood, eine klischeehafte Medienberichterstattung und die Neidkomplexe der Sachbearbeiter geschaffen haben.

Die meisten Bewerber, die bei mir eine Karriere als Immobilienmanager oder Investmentbanker starten wollen, bringen diese falschen Vorstellungen mit. Sie glauben, dass sie in einem eleganten Büro oder einem teuren Restaurant mit Pokermiene Verhandlungen führen und den Rest ihrer Zeit lukrative Deals feiern und in Ferrari-Prospekten blättern werden.

Ich nehme sie gerne mit zu einem Arbeitstag als Immobilieninvestor. Das heißt für sie, um 5.00 Uhr aufzustehen, um 7.00 Uhr mit mir im Flieger zu sitzen und um 8.30 Uhr in irgendeiner deutschen Stadt mit der Schnellbahn oder dem Taxi ins Zentrum zu fahren. Geht es um eine Wohnung, sehen wir im Keller nach, ob die Stahlträger verrostet sind, und gehen zu Fuß im Treppenhaus nach oben, damit ich sehe, ob es Risse hat. Nach einem Blick in die Wohnung klettern wir über wackelige Leitern aufs Dach. Danach geht es im Laufschritt weiter zur nächsten Adresse, und das manchmal zehn bis zwölf Mal am Tag, bei Sonne, Regen und Schneefall.

Das war der aufregendere Teil des Jobs. Danach muss der Neuling von den Maklern die notwendigen Unterlagen herbeischaffen. Ich brauche Protokolle von Eigentümerversammlungen, Betriebskostenabrechnungen, Grundrisspläne, Wohnflächenberechnungen, Versicherungspolicen und Mietverträge. Zumindest die Hälfte der Makler ist zu faul oder zu schlampig, um sie von selbst zu schicken. Als Nächstes geht es darum, die Unterlagen zu lesen, zu analysieren und die richtigen Schlüsse daraus zu ziehen. Zwei Drittel der Bewerber finden nach so einem Arbeitstag Immobilieninvestment öd.

Beim Investmentbanking entspricht die Praxis ebenfalls in keinem Punkt dem Mythos. Für Anfänger besteht ein großer Teil der Arbeit auch hier darin, fehlende Unterlagen zu besorgen. Sie müssen Ordner für Unternehmensprüfungen aufbereiten, Termine mit Anwälten und Wirtschaftsprüfern koordinieren, Protokolle schreiben, Finanzmodelle erstellen und Internetrecherchen durchführen. Ein paar Wochen mit dieser Beschäftigung reichen den meisten von euch, um entweder mich persönlich, meine Firma, die Finanzbranche oder die Wirtschaft an sich furchtbar langweilig zu finden.

Doch der Deal für Aufsteiger besteht nun einmal von Anfang an darin, härter als andere zu arbeiten, und oben angekommen wird es noch schlimmer.

Am Rande eines Unternehmenskaufs schilderte mir der Europa-Chef eines amerikanischen Multis den Ablauf seiner vergangenen Arbeitswoche. Am Montagmorgen landete er in einer spanischen Industriestadt, wo er einen hochrangigen Manager feuern und die Konditionen seines Ausstiegs verhandeln musste. Am Dienstag kam er mit zwei Stunden Verspätung in Hamburg an. Dort besprach er mit einem Großkunden Garantiefälle, bei denen für seinen Konzern viel Geld auf dem Spiel stand. Am Mittwoch vermittelte er in Frankreich bei einem Streik, bei dem Manager des Unternehmens mit Eiern und Tomaten beworfen wurden und die Belegschaft eines anderen französischen Unternehmens einen Manager als Geisel nahm. Am Donnerstag kümmerte er sich in Italien um Korruptionsfälle, von denen niemand etwas wissen wollte, und löste gleichzeitig Probleme bei einem ausgegliederten IT-Dienstleister, dessen Server abgestürzt waren und Teile der Konzernkommunikation lahmgelegt hatten. Am Freitag flog er wegen unerwartet schlechter Ergebnisse eines skandinavischen Tochterunternehmens nach Stockholm, von wo er mit einer mehrstündigen Verspätung wegen Überlastung des Luftraumes über Europa mitten in der Nacht wieder heimkam.

Macht, Luxus, Abenteuer und Privilegien entschädigen euch nicht für die Dauerbelastung. Macht wird mit der Zeit anstrengend, Luxus langweilig, Abenteuer werden zur Routine und Privilegien zur Last. *Siemens*-Chef Peter Löscher darf angeblich keine Sportwagen fahren, weil ihm die Lebensversicherung, die *Siemens* für ihn abgeschlossen hat, nur gepanzerte Limousinen erlaubt.

> *Nur der pure Gestaltungswille entschädigt euch*
> *für die Dauerbelastungen eines Spitzenjobs. Wenn*
> *ihr allein wegen Macht, Luxus, Abenteuern und*
> *Privilegien nach oben wollt, scheitert ihr unterwegs*
> *oder spätestens, wenn ihr angekommen seid.*

Wer trotzdem ein Zampano werden will, muss von einem Zampano lernen. Das gilt in der Wirtschaft genauso wie in der Wissenschaft, der Kunst oder der Politik. Wer Außenminister werden will, muss vom amtierenden Außenminister oder von einem Spitzendiplomaten lernen.

Als rechte Hand eines Zampanos arbeitet ihr im Hintergrund und bekommt Dinge mit, die Sachbearbeitern auf Lebenszeit verschlossen bleiben. Dafür müsst ihr eurem Chef gegenüber blind loyal, absolut verschwiegen und Tag und Nacht verfügbar sein. Ein Bekannter von mir arbeitete als Assistent des Generaldirektors einer deutschen Bank. Er sah seinem Chef zu, wie er Strategien entwarf, Krisen managte und Spitzenpositionen besetzte. Dabei führte er Protokolle, reservierte Tische in Restaurants, errechnete Finanzmodelle, diente bei wichtigen Besprechungen als Zeuge, dolmetschte, hob das Mobiltelefon seines Chefs ab und fuhr seine Freundin herum. Er war Kofferträger und saß gleichzeitig an den Schalthebeln der Bank. Denn der Generaldirektor selbst hatte wenig Zeit, weshalb die Länderchefs oder Großkunden mit ihren Anliegen stattdessen zu ihm kamen.

Euer Einstiegsgehalt ist eher mager. Mein erster Assistent konnte von seinem kaum die Miete zahlen. Dafür ist er jetzt, mit 27, erfolgreicher Investmentbanker. Viele Top-Manager haben ihre Laufbahn so begonnen. Ekkehard Schulz wurde 1972 Vorstandsassistent bei *Thyssen*, heute leitet er den Konzern. Der frühere *Porsche*-Chef Wendelin Wiedeking war Assistent in dem Unternehmen, das er später lange geführt hat. *Roland-Berger*-Chef Burkhard Schwenkner war am Anfang seiner Karriere Vorstandsassistent bei den Papierwerken *Waldhoff-Aschaffenburg*. Ex-*Lufthansa*-Chef Wolfgang Mayrhuber war Assistent bei Jürgen Weber, der die *Lufthansa* zuvor saniert hatte. Christoph Franz, der jetzige *Lufthansa*-Chef, hat seine Karriere ebenfalls als Mitarbeiter Webers begonnen.

Oft finden sich in Assistenten-Positionen die Kinder der Elite. Ihre Eltern schicken sie durch die harte Schule, obwohl sie es nicht nötig hätten, weil genug Vermögen für die nächsten fünf Generationen da ist. Doch eines Tages werden diese Kinder das Vermögen verwalten oder das Familienunternehmen führen müssen, und das lernen sie am besten im Dunstkreis der Macht.

Diese Familien haben die nötigen Kontakte, um an so einen Job zu kommen, doch es geht auch ohne. Als eine junge freie Journalistin überraschend Assistentin eines mächtigen Zeitungszaren wurde, fragte ich sie, wie sie das gemacht hatte. „Ich habe ihn einfach angerufen", sagte sie. „Ich habe die Nummer des Unternehmens mit der Null hinten dran gewählt, mich in sein Büro verbinden lassen und beim dritten Versuch hatte ich ihn dran."

Als Assistenten wird eure Karriere lange mit eurem Mentor in Verbindung gebracht. Wenn ihr für einen Gewinner arbeitet, könnt ihr bei jeder künftigen Bewerbung damit glänzen. Wenn euer Mentor abstürzt, gefeuert wird oder sogar im Gefängnis landet, trifft euch das ebenfalls. Der zuvor erwähnte deutsche Banker musste schließlich wegen eines Steuervergehens unehrenhaft gehen. Für meinen Bekannten war das alles andere als angenehm. Trotzdem hat er jetzt einen Spitzenjob in der Schweizer Finanzbranche. Er musste ein paar ungeplante Umwege nehmen, doch die Fertigkeiten, die er als Assistent erworben hatte, konnte ihm niemand mehr nehmen. Sie waren mehr wert als ein schillernder Name im Lebenslauf.

Thema drei

start up!

Mir wurde klar, dass ich Unternehmer werden will, als ich in der Schule meine erste Geschäftsidee hatte. Sie war nicht gerade spektakulär. Ich stellte fest, dass meine Mitschüler Probleme in Rechnen hatten, während ich gut darin war. Also gab ich Mathematiknachhilfe. Wenn ich durch eigenes Können und eigene Ideen Geld verdienen und vermehren konnte, dachte ich damals, wäre ich dumm, im Sold anderer deren Geld zu verdienen und zu vermehren. Jeder Blick auf meine Konten bestätigt heute meine Entscheidung.

Bevor ihr eine eigene Firma gründet, müsst ihr euch trotzdem fragen, ob ihr das Zeug dafür habt. Es ist Mode geworden, euch zur Selbstständigkeit zu verführen. Politiker täuschen damit über ihre Versäumnisse in der Wirtschafts- und Beschäftigungspolitik hinweg. Europa kracht, die Wirtschaft stagniert, es gibt keine Jobs mehr? Dann macht euch doch mal eben selbstständig, und wenn ihr es nicht tut, seid ihr Weicheier.

Journalisten nähren unrealistische Ziele von Jungunternehmern, indem sie ihre Erfolge falsch darstellen. Ich war einmal am Verkauf eines Münchner IT-Start-ups beteiligt. Die Zeitungen zeigten die vier Gründer und schrieben, dass sie über Nacht reich geworden seien. Sie hätten nur fünf Jahre nach der Gründung 55 Millionen Euro für ihre Firma bekommen. Die 55 Millionen stimmten sogar, die Wahrheit sah trotzdem anders aus. Nur 35 Millionen flossen sofort, 20 waren davon abhängig, ob die Firma in Zukunft bestimmte Ziele erreichen würde. 25 Millionen zahlte der Käufer, ein börsennotiertes Telekomunternehmen, mit eigenen Aktien und der Auflage, dass das Quartett sie erst fünf Jahre später zu Geld machen durfte. Niemand wusste, wie viel die Aktien dann noch wert sein würden. In bar zahlte der Käufer 10 Millionen. Von diesen 10 Millionen bekamen 6 Millionen die Banken und Geldgeber, die das Start-up finanziert hatten. Blieb für jeden der vier Gründer 1 Million. Nach Steuern waren es circa 600.000 bis 700.000 Euro pro Person. Eine hübsche Summe, aber die vier können damit nicht, wie in den Medien kolportiert, bis an ihr Lebensende im Luxus schwelgen.

Dutzende Publikationen verkaufen euch das Unternehmertum als eine Art inspirierten Spaziergang im Rahmen einer Vier-Stunden-Woche: Unternehmer lassen kreativ die Seele baumeln, während ihre Mitarbeiter die Arbeit machen. Da ist dann oft von Warren Buffett die Rede. Sein erstes Geld verdiente er mit sechs Jahren, als er Coca-Cola Flaschen günstiger einkaufte, als er sie verkaufte. Als Schüler stellte er Flipperautomaten in Friseurläden auf. Mit elf kaufte er seine ersten Aktien und danach brachte er es ganz locker zu 50 Milliarden Dollar Privatvermögen.

Zum Glück ist es nicht so einfach, sonst wäre mir als Unternehmer wohl auch recht langweilig. Unternehmer delegieren nicht tagsüber an ihre Mitarbeiter, um abends als Networker auf Empfängen zu glänzen, wie es euch gerne weisgemacht wird. Selbstständig zu sein bedeutet harte und systematische Arbeit, auch für Warren Buffett.

Ihr müsst keine Wunderkinder sein, um Unternehmer zu werden. Ein durchschnittlicher IQ und die Genialität eines Filialleiters reichen völlig. Auch das Netzwerk wird überbewertet. Die Kontakte, die ein Jungunternehmer braucht, kann er immer schließen. Doch besonders am Anfang bedeutet eine Firma eine ungeheure Kraftanstrengung.

Die wichtigsten Eigenschaften für einen
Unternehmer sind Fleiß und Beharrlichkeit.

Als Jungunternehmer müsst ihr mehr schuften, als ihr euch je habt vorstellen können. 70-Stunden-Wochen sind keine Ausnahme, sondern die Regel. Gute Kunden verlangen mitunter auch am Wochenende eure Aufmerksamkeit, oder im Urlaub, so ihr euch dafür überhaupt Zeit nehmen könnt. 50 Wochen à 70 Arbeitsstunden, das sind 3.500 Stunden im Jahr, und in jeder dieser 210.000 Minuten müsst ihr euch selbst, eure Mitarbeiter und vor allem eure Kunden für euer Produkt oder eure Dienstleistung begeistern.

Wenn ihr es nicht tut, verliert ihr im schlimmsten Fall eure Existenz. Auch dann, wenn ihr alles richtig macht.

Vor Kurzem hat mir ein Unternehmer von seiner ersten Firma erzählt. Er veranstaltete in einem Dreitausend-Mann-Zelt ein dreitägiges Rockfestival. Sein Plan war gut, die Bands waren interessant, das Publikum war neugierig, er war fleißig und sparsam, aber dann kamen statt der erwarteten dreitausend Besucher doch nur dreihundert. Schuld war das Wetter. Es waren nach einer langen Regenperiode die ersten heißen Tage im Jahr, alle gingen baden und mein Bekannter mit seiner Geschäftsidee auch.

Als Unternehmer müsst ihr die Nerven auch dann behalten können, wenn es gerade gar nicht laufen will, wenn ihr keine Idee habt, wenn ein scheinbar fantastisches Vorhaben keine Früchte tragen will oder wenn ihr müde und überanstrengt seid und trotzdem weitermachen müsst. Wenn ihr das wollt, geht nach einem einfachen Plan vor.

Erstens. Definiert eure Geschäftsidee. Sie muss nicht neu sein. Im Gegenteil.

Etwas ganz Neues zu bringen ist immer besonders schwierig, risikoreich und deshalb als Beginn einer Unternehmerkarriere nicht zu empfehlen.

Wenn ihr euren potenziellen Kunden erst erklären müsst, wozu sie euer Produkt brauchen, kann zu viel schiefgehen. Ihr wisst nie, ob es sich durchsetzt. Vielleicht seid ihr ein bisschen zu früh dran, geht pleite und drei Jahre später machen andere das Geschäft. Oder ihr kommt ein bisschen zu spät und geht pleite, weil ihr gegen die großen Konkurrenten keine Chance mehr habt. Mit *Skype*, *Facebook* oder *Twitter* haben sich zwar ganz neue Produkte durchgesetzt, aber das sind Ausnahmen.

> *Als Jungunternehmer setzt ihr bei eurer ersten unternehmerischen Aktivität am besten auf ein bewährtes Produkt mit einem speziellen Dreh. Der spezielle Dreh bringt den entscheidenden Vorteil.*

Der deutsche Gründer der erfolgreichen Restaurantkette *Vapiano* ging so vor. Er musste seinen Gästen nicht erst erklären, was ein Restaurant und was italienische Küche ist. Sein spezieller Dreh besteht darin, dass sich die *Vapiano*-Gäste an einer Küchentheke anstellen, ihr Gericht wählen und zusehen, wie es zubereitet wird. Die Qualität passt, die Lage passt, die Einrichtung passt und das Personal passt. Deshalb gibt es nach nur zehn Jahren schon 92 *Vapiano*-Restaurants.

Auch ich habe in einem etablierten Markt mit einem etablierten Produkt angefangen. Corporate Finance war ein eingeführtes Geschäft, lange bevor mein Partner und ich unsere Firma *Pallas Capital* gründeten. Unser spezieller Dreh besteht darin, dass wir selbst Unternehmer sind. Unternehmer, die Finanzierungen brauchen oder eine Firma kaufen oder verkaufen wollen, sitzen bei uns also Unternehmern gegenüber, und nicht wie bei großen Investmentbanken Angestellten mit all ihrem bürokratischen Drumherum. Außerdem bieten wir Mitarbeitern und Partnern stärkere finanzielle Anreize, uns Geschäfte zu vermitteln. Wir haben keine teuren Sekretärinnen und keine Marmorböden im Klo, deshalb können wir uns das leisten.

Die *AO Hostels-Gruppe* hat vor mehr als zehn Jahren erkannt, dass dank der Billigflieger neue Zielgruppen reisen und zentrale, günstige und saubere Unterkünfte brauchen. Innerhalb von zehn Jahren hat es die Firma in der behäbigen etablierten Hotelbranche zu 18 Häusern mit zehntausend Betten gebracht, die als speziellen Dreh eine Mischung aus Jugendherberge und Hotel darstellen. Euer spezieller Dreh kann auch einfach darin bestehen, dass ihr mehr Energie und niedrigere Kosten als eure Konkurrenz habt und deshalb effizienter arbeiten könnt. Frank Stronach, Gründer des Autozulieferkonzerns *Magna*, hat es so gemacht. Sein Hauptprodukt waren am Anfang Pleuel, die er in einer kleinen kanadischen Werkstätte für Kunden wie *GM* fertigte. Kreative Spielräume gibt es bei diesem Produkt nicht. Nichts an Stronachs Pleuel war vom Konzept her anders als bei denen seiner Konkurrenten. Er betrieb nur mehr Aufwand, was sie perfekter machte. Sein spezielles Angebot lautete: „Kauft meine Pleuel. Sie sind besser. Wenn ihr das nicht findet, braucht ihr sie nicht zu bezahlen." Heute beschäftigt *Magna* 74.000 Mitarbeiter in 25 Ländern.

Eine Geschäftsidee findet ihr, indem ihr euer Wirtschaftsgen aktiviert und die Augen offen haltet. Vor Kurzem war ein

Jungunternehmer bei mir, der Geld für einen neuen Energydrink suchte. Er hatte seine Geschäftsidee dank eines Besäufnisses entwickelt. Er hatte beruflich in Peru zu tun gehabt und war nach Abschluss seines Auftrages mit dem Team vor Ort feiern gegangen. Am nächsten Tag hatte er einen so schweren Kater gehabt, dass er glaubte, nicht fliegen zu können. Ein Peruaner gab ihm etwas zu trinken. Sein Kopf wurde klar und er kam ohne Probleme heim. „Es war ein Extrakt aus einer Kaktuswurzel, das alle hier kennen", sagte ihm der Peruaner später am Telefon. Der Anti-Kater-Drink startet ungefähr gleichzeitig mit diesem Buch. Ich bin gespannt, was daraus wird. Er erfüllt jedenfalls die wichtigsten Kriterien: Die Kunden wissen bereits, was ein Energydrink ist, und er hat einen speziellen Dreh.

Neue Branchen, in denen es oft noch an unternehmerischem Denken mangelt, sind ein besonders guter Boden für Geschäftsideen. In der Gesundheitsbranche etwa sind noch viele Ärzte am Werk, die in ihrer Selbstherrlichkeit unternehmerische Aspekte übersehen. Ein Kunde von mir hat das wirtschaftliche Potenzial erkannt, das in den boomenden Vorsorgeuntersuchungen wie Bluttests, Allergietests und Darmspiegelungen liegt. Als ehemaliger Banker gründete er gemeinsam mit einem Pathologen eine Laborkette, die ärztliche Proben analysiert. Gestartet haben die beiden mit 250.000 Euro. Im Vergleich zu den aktuellen Umsätzen der Kette und ihrem Wert ist das eine niedrige Summe.

Geschäftsideen könnt ihr auch im Ausland finden, vor allem in den USA, und für euren Markt adaptieren. Die Brüder Marc, Oliver und Alexander Samwer haben es so gemacht. Sie haben Firmen, die in den USA erfolgreich waren, am europäischen Markt kopiert und dann für viel Geld an die Amerikaner verkauft. Ihr erstes Projekt war das Auktionshaus *alando.de*, das sie nach dem Vorbild von *eBay* gestalteten und wenig später auch an *eBay* verkauften. Danach gründete das Trio den Klingeltonanbieter *Jamba!* und verkaufte ihn vier Jahre später an den US-Konzern *VeriSign*. Wenn sie wollten, könnten die drei tatsächlich bis ans Ende ihrer Tage nur noch im Luxus schwelgen.

Zweitens. Für die Umsetzung eurer Geschäftsidee braucht ihr Erfahrung. Ich habe bei *McKinsey* und bei *JP Morgan* an der Wall Street gearbeitet, ehe ich mich als Investmentbanker selbstständig machte. Der Erfinder des Anti-Kater-Drinks kannte sich in der Lebensmittelbranche aus, weil schon sein Vater dort als Unternehmer Geld verdiente.

Wenn ihr frisch von der Uni eine Firma gründet, sind deren Überlebenschancen überschaubar, es sei denn, ihr habt einen Partner an Bord, der statt euch Erfahrung mitbringt. Ihr solltet einigermaßen mit Banken und Kunden verhandeln, Verträge lesen und schreiben und Mitarbeiter rekrutieren und führen können, sowie Know-how in Finanzmanagement, Buchhaltung, Steuern und Arbeitsrecht haben.

Mark Korzillius, der Gründer von *Vapiano*, hat trotz des späteren Erfolgs der Kette erlebt, was ein Start ohne Erfahrungen bedeutet. Er hatte nie in der Gastronomie gearbeitet. Er hatte bloß die Abschlussarbeit für sein Betriebswirtschaftsstudium über *McDonald's* geschrieben und einmal in St. Moritz beobachtet, wie ein Koch mit einer speziellen Maschine Nudeln in ein-

einhalb Minuten al dente kochte, etwas Trüffel darüber rieb und für 48 Franken verkaufte. Er wolle nur gute Nudeln essen und dabei nicht über den Tisch gezogen werden, dachte Korzillius, und da er sich selbst für nicht sehr außergewöhnlich hielt, war er sicher, dass die Idee auch anderen gefallen würde. Der Aufbau von *Vapiano* beanspruchte ihn dann dermaßen, dass die Beziehung zu seiner damaligen Lebensgefährtin in die Brüche ging und er nach dem Verkauf der Kette einige Monate nach Afrika flüchtete. „Als Quereinsteiger habe ich Komponenten wie Personalmanagement und den Zeitfaktor unterschätzt", meint er heute. „Du musst sieben Tage die Woche zehn bis zwölf Stunden vor Ort sein, sonst funktioniert es nicht."

> *Auch hier gilt: Ein Unternehmer lernt am besten von Unternehmern.*

Berufserfahrungen in einem Konzern, selbst wenn es Managementerfahrung war, schadet eher. Ich habe gelegentlich mit ehemaligen Managern zu tun, die gefeuert wurden und ihre eigene Firma gründen wollen. In ihren Zielen geht es meist um Vorstandsgehälter, Sekretärinnen und Dienstwagen. Einmal waren drei dieser Herren mit tollen Lebensläufen bei mir. Sie wollten ein Start-up im Gesundheitsbereich gründen. Eigenes Geld wollten sie nicht investieren und wer ihr Produkt verkaufen würde, wussten sie auch noch nicht. Dafür konnten sie meine Frage nach ihren Geschäftsführerbezügen ganz genau beantworten. 550.000 für alle drei zusammen. Das hätte bedeutet, dass jeder von ihnen vom Start weg 15.000 Euro monatlich bekäme. Ich schickte sie nach Hause, ohne mir ihr Produkt angesehen zu haben. Die drei waren kluge Leute, aber als Unternehmer werden sie kein Glück haben.

Drittens. Schreibt einen Businessplan. Ihr braucht ihn, um eure Geschäftsidee Banken und Investoren vorzustellen und um selbst ein klares Bild von eurem Unternehmen zu entwickeln. Ein Businessplan sollte einfach, kurz und klar sein und alle wesentlichen Informationen enthalten. Die meisten Businesspläne, die ich auf den Tisch bekomme, haben den Umfang von Dissertationen und enthalten nur Blabla. Beschreibt eure Produkte und Dienstleistungen und was euch von euren Mitbewerbern unterscheidet. Analysiert den Markt, schildert eure Preispolitik und skizziert ein Szenario für den Fall, dass die Preise nach eurem Markteintritt sinken. Macht eine realistische und eher konservative Finanzplanung, die auch dann hält, wenn etwas schiefgeht. Wenn ihr glaubt, dass ihr nach einem halben Jahr die ersten Umsätze macht, schreibt lieber ein Jahr hinein.

Viertens. Wählt eine Rechtsform für euer Unternehmen. Es empfiehlt sich eine GesmbH, die ihr mithilfe eines Notars gründen könnt. Geht eure Firma pleite, haftet die Gesellschaft außer bei Steuern, Sozialversicherungsbeiträgen und bestimmten Krediten nur mit dem Stammkapital, während ein Einzelunternehmer mit seinem ganzen Vermögen geradesteht. Das Stammkapital ist jene Summe, die ihr der Gesellschaft bei Gründung laut Gesetz übertragen müsst. In Deutschland sind das 25.000 Euro, in Österreich 35.000. Mindestens die Hälfte davon müsst ihr sofort auf das Konto der Gesellschaft einzahlen. Der Notar nimmt für seine Dienste zwischen 1.000 und 2.000 Euro.

Fünftens. Trefft eine kluge Partnerwahl. Manche Unternehmer sind Einzelkämpfer und ziehen mit großem Geschick ganz allein eine Firma auf. Jungunternehmer tun sich damit eher schwer. Mangels Erfahrung können sie nicht alles nötige Wissen in sich vereinen. Wenn eure Ideen besser als die von Daniel Düsentrieb sind, euer Geschäftssinn aber dem von Donald Duck ähnelt, braucht ihr einen kaufmännischen Geschäftsführer.

Ich selbst bin nicht der große Sympathieträger, wie ihr vielleicht schon bemerkt habt. Es kann vorkommen, dass ich jemanden einen Arschkriecher nenne, wenn ich ihn für einen halte. Das macht mich zu einem eher schlechten Verkäufer. Bei einem Managementseminar in den USA kam ich zu dem Schluss, dass ich dieses Manko am effizientesten durch einen qualifizierten Partner ausgleichen konnte. Ein gemeinsamer Freund stellte mir Florian vor. Florian arbeitete bei einer Bank und war auf dem Sprung in die Selbstständigkeit. Wir machten ein paar Geschäfte miteinander, um zu sehen, wie es funktioniert. Bei einigen Caipirinhas beschlossen wir schließlich, eine Corporate-Finance-Firma aufzumachen und international auszubauen. Er verkauft, ich rechne.

Halbe-halbe-Partnerschaften funktionieren erfahrungsgemäß gut, sofern die Fähigkeiten wie bei uns komplementär und die Ziele gleich sind. Wenn beide gut verkaufen aber nicht rechnen können, scheitert die Firma ebenso, wie wenn einer einen Konzern aufziehen und der andere in fünf Jahren aussteigen und sich zur Ruhe setzen will.

Mehr als zwei Partner sind schwierig. Es gibt dann eine Tendenz zu Gruppenbildungen und Intrigen. Die Schwierigkeiten beginnen schon damit, einen Termin zu finden, an dem alle Zeit haben. Wenn es fünf Partner sind, haben sie bei Besprechungen acht Meinungen und der Kompromiss ist immer schlecht. Manche Leute sind für so etwas gebaut, aber es braucht sehr viel Aufmerksamkeit und Geduld.

Sechstens. Regelt euer Privatleben. Stellt sicher, dass eure Freundin oder euer Freund eure unternehmerischen Pläne unterstützt oder zumindest nicht konterkariert. Wenn er oder sie verlangt, dass ihr um fünf Uhr heimkommt, scheitert entweder die Firma oder die Partnerschaft oder beides. Das Problem wird oft unterschätzt. Deshalb sollet ihr euch auch die Beziehungen eurer Partner ansehen, ehe ihr eine Firma mit ihnen gründet. Ich frage selbst Stellenbewerber nach ihren privaten Verhältnissen.

Einmal musste ich zwei Architekten mit einer Notfallfinanzierung aus der Patsche helfen. Ihr profitables Büro wäre beinahe an einer unglücklichen Liaison gescheitert. Die Geliebte des einen Partners hatte eine Vorliebe für teure Pelzmäntel und Schmuck von den besten Juwelieren, und ihr Architektenfreund hatte immer ein schlechtes Gewissen, weil er nie daheim war. Als er der Firma immer mehr Geld entzog, stritten die Kompagnons. Die Finanzierung, die sie schließlich brauchten, kostete sie einen Teil der Firma. Die Frau war schnell weg, als der Wind rauer wurde, und der Partner, der gar nichts dafürkonnte, holte sich ein Magengeschwür.

Siebtens. Besorgt euch das nötige Geld. Einfach ist das bei einem Start-up nicht. Meistens bestehen zwischen Gründern und Investoren persönliche Kontakte und Vertrauen. Mir selbst reicht ein vernünftiger Businessplan auch nicht, um in ein Start-up zu investieren. Ich tue es nur, wenn ich den Unternehmer jahrelang kenne und weiß, dass er sein Handwerk versteht. Viele Jungunternehmer starten deshalb mit geliehenem Geld von Bekannten und Verwandten. Ein bisschen Startkapital müsst ihr trotzdem selbst haben, schon weil niemand Geld in eure Firma stecken wird, wenn ihr es selbst nicht tut. Außerdem braucht ihr stets eine Reserve für den Notfall. Es kann immer etwas passieren.

Der österreichische Immobilieninvestor René Benko hat als Teenager mit dem Ausbau von Dachböden begonnen und ist danach zum Shootingstar seiner kapitalintensiven Branche geworden. Hinter ihm steht der um 29 Jahre ältere Tankstellenerbe Karl Kovarik, der an Benko geglaubt und seine Projekte finanziert hat.

Da solche *Big Spender* selten sind, wählt ihr am Anfang besser ein Geschäftsmodell, das mit wenig Geld auskommt. Wenn ihr eure Produkte in einer eigenen Fabrik fertigen müsst, braucht ihr dreißig Millionen Euro Startkapital, als Immobilienmakler nur zehntausend. Fangt als Garagenfirma mit etwas an, das ihr könnt, baut es langsam auf und haltet eure persönlichen Kosten niedrig.

Ihr müsst dabei lernen, Geldgeber wie Banken und Investoren als Freunde und nicht als Feinde zu sehen. Meist haben sie Erfahrung und können von einem Unternehmen Unheil abwenden. Als ich anfing, in Frankfurt Immobilien zu kaufen, verlangte meine Bank bei einer Wohnung am Sachsenhäuser Berg viel mehr Eigenkapital von mir als sonst. Auf diese Art erfuhr ich, dass die Wohnungen in den dortigen Hochhäusern schwer vermietbar waren. Außerdem waren Instandhaltung und Reparaturen teuer. Alte Hochhäuser sind in diesem Punkt ein Albtraum, wegen ihrer Höhe kostet jede Arbeit viel mehr. Ohne Bank hätte mich der Weg zu dieser Erkenntnis wohl einige teure Erfahrungen gekostet.

Von da an geht es vor allem darum, die typischen Fehler zu vermeiden. Start-ups scheitern immer an den gleichen.

Fehler eins. Jungunternehmer fokussieren sich zu sehr auf ihr Produkt. Das Produkt ist wichtig, aber nicht für den Erfolg entscheidend.

Entscheidend ist der Verkauf. Wenn das Produkt schlecht ist, aber der Verkauf stimmt, funktioniert die Firma trotzdem. Umgekehrt nicht. Firmen wie *McDonald's*, *Microsoft* und *Starbucks* verdienen mit schlechten Produkten viel Geld, während Hunderte Firmen schon mit den tollsten Produkten pleitegegangen sind.

Ihr müsst deshalb überlegen, wer euer Produkt verkauft, welche Anreize ihr zur Steigerung des Verkaufs setzt, wie ihr Kunden findet, in welche Gruppen ihr sie einteilt und wie ihr welche

Gruppe ansprecht. Alle Selbstständigen müssen ihre Produkte verkaufen, auch Ärzte, Anwälte und Investmentbanker.

Fehler zwei. Jungunternehmer planen zu optimistisch. Sie fangen mit zu wenig Geld an und kalkulieren die im Geschäftsleben alltäglichen Verzögerungen nicht ein. Manche Kunden zahlen erst nach drei Monaten oder gar nicht, weil sie pleite sind. Miete und Gehälter sind aber sofort fällig. Mit der falschen Finanzplanung kann eine Firma noch so viel Geschäft machen und trotzdem pleitegehen.

Fehler drei. Jungunternehmer überschätzen den Wert ihrer Firma. Sie fragen bei Banken und Investoren wie mir nach Geld und glauben, dass ihre Firma, die noch nicht einmal Umsätze macht, 15 Millionen Euro wert ist. Die möglichen Geldgeber werfen sie hinaus, weil überzogene Vorstellungen ein Indiz für Dummheit sind.

Fehler vier. Jungunternehmer wählen ihre Geschäftspartner zu einseitig aus. Es reicht ihnen, wenn sie nur einen Lieferanten und nur einen Dienstleister für die Erfüllung einer wichtigen Aufgabe haben. Manchmal reicht es ihnen sogar, wenn sie nur einen Kunden haben.

Wenn der Lieferant pleitegeht oder seine Geschäftspolitik ändert, der Dienstleister sein Geschäftsfeld neu definiert oder der Kunde abspringt, in Pension geht oder stirbt, ist die Krise programmiert.

Fehler fünf. Jungunternehmer setzen die Anreize für Mitarbeiter falsch. Bekommt ein Verkäufer als Provision einen Anteil am Umsatz, verkauft er egal was und egal zu welchen Konditionen. Notfalls verkauft er sogar mit Verlust. Ihm ist das egal, der Verlust trifft schließlich nicht ihn, sondern den Unternehmer. Bekommt er als Provision aber einen Anteil am Deckungsbeitrag, verkauft er so, dass der möglichst hoch ausfällt. Der Deckungsbeitrag ist der Umsatz, den ein Geschäft bringt, abzüglich der Kosten, die es verursacht.

Fehler sechs. Jungunternehmer erliegen dem Charme des ersten Geldes. Wenn die ersten höheren Umsätze eingehen, ist es wie bei einem Hund, der lange hungern musste und sich dann überfrisst, bis er tot ist. Wenn sich Jungunternehmer das Geld vom Konto nehmen, um sich ein neues Auto zu kaufen, ist die Firma in Gefahr. Ihr fehlt das Geld dann für Investitionen, Notfälle oder die Forderungen des Finanzamtes.

Fehler sieben. Jungunternehmer vergessen die Steuern. Am Anfang zahlen sie nur einen Mindestsatz, doch wenn die Gewinne steigen, kassiert das Finanzamt kräftig ab. Es holt sich die Steuern rückwirkend, gleichzeitig geht es davon aus, dass sie im nächsten Jahr genauso hoch sein werden, und schickt entsprechende Vorauszahlungsbescheide. Wenn ich in meiner Firma ein gutes Geschäft gemacht habe, beauftrage ich meine Leute, den Teil für die Steuer sofort zur Seite zu legen. Denn das Finanzamt ist erbarmungslos. Kann ein Jungunternehmer die Steuern nicht zahlen, stellt es einen Insolvenzantrag. Dann klebt ein Kuckuck auf euren schönen neuen Computern, obwohl ihr damit gute Geschäfte macht.

Fehler acht. Jungunternehmer achten nicht auf den Cashflow. Wie bereits erwähnt sagt der Cashflow, wie viel Geld ein Unternehmen erwirtschaftet. Wenn es stark wächst und Geld für Investitionen und Waren braucht, aber die Kunden nicht zahlen, kann es trotz hoher Gewinne am mangelnden Cashflow zugrunde gehen. Einer meiner Kunden hat mit hohen Krediten die Firma gekauft, die er zuvor als Manager geleitet hat. Sie entwickelte sich viel besser als erwartet. Wegen der großen Kundennachfrage musste er viel Ware einkaufen und vorfinanzieren. Eines Tages wollten die Banken sein Kreditlimit nicht mehr erhöhen. Er rief mich an und meinte, dass er pleite sei, weil er so erfolgreich sei. Ich vermittelte ihm einen Fonds, der statt einer Bank einsprang. Er musste Firmenanteile abgeben, um an das dringend nötige Geld zu kommen.

Eine Firma zu gründen ist anstrengend und riskant. Es besteht die Möglichkeit des Scheiterns. Doch ihr lebt in einer Welt, in der es nichts mehr gibt, das kein Risiko birgt. Angestellte Führungskräfte haften auch für die Fehler ihrer Firmen, wie die zahlreichen Wirtschaftsskandale gezeigt haben. Ärzte haften für die Fehler, die sie an ihren Patienten begehen, und Chefärzte für die aller anderen Ärzte im Krankenhaus.

Ein Unternehmer hat wenigstens einen großen Teil des Risikos, das er trägt, selbst in der Hand und der Lohn für seine Mühe ist im Erfolgsfall besonders groß. Er besteht in Freiheit,

Status, Geld und in der Chance, einmal zurückblicken zu können auf etwas, das man selbst aufgebaut hat. Als Angestellte könnt ihr euch ein Album mit den Fotos jener Leute anlegen, bei denen ihr euch eingeschleimt habt, und den Kugelschreiber betrachten, den ihr als Geschenk bekommen habt, als ihr in die Rente geschickt wurdet.

Thema vier

sanfter Start

Ihr habt zwei Möglichkeiten, euer Risiko als Jungunternehmer zu senken: Franchise-Ketten und Nachfolgebörsen. Bei Franchisemodellen könnt ihr unter Hunderten Angeboten von *McDonald's* über *Remax* bis *Pizzahut* wählen. Nachzulesen unter franchiseportal.de und franchiseportal.at. Die Freiheit ist dabei begrenzt, denn ihr unterwerft euch einem genauen Regelwerk. Als *McDonald's*-Franchisenehmer könnt ihr keinen eigenen Burger kreieren, auch wenn er sich noch so gut verkaufen würde. Dafür übernehmt ihr etwas, das funktioniert und vermeidet Anfängerfehler.

Billig ist der Start als Franchisenehmer einer erfolgreichen Kette nicht. Bei *McDonald's* zahlt ihr, sofern ihr überhaupt noch eine Filiale bekommt, eine halbe Million bis eine Million Euro für den Einstieg. Danach sind laufende Franchisegebühren sowie Umsatzbeteiligungen fällig.

Würde ich einen Franchiseladen aufmachen, würde ich in die USA reisen, um mich zu informieren. Von dort kommt die Idee, dort ist sie am weitesten entwickelt und dort werden die besten Seminare dazu angeboten. Die Chance reich zu werden bleibt trotzdem gering. Es gibt Franchisenehmer, die sechs oder mehr Filialen betreiben und damit zu Wohlstand kommen, doch die sind eher die Ausnahme.

Sehr gut verdienen könnt ihr aber auch, wenn ihr von Anfang an auf das richtige Pferd setzt. Das sind auch hier nicht die Ketten, die bereits als sexy gelten und deshalb von allen gestürmt werden. Interessant sind die unbekannten mit Zukunftspotenzial. Ist das System in eurer Region noch nicht sehr präsent, könnt ihr euch auch Gebietsschutz geben lassen. Der ist oft von Erfolgsfaktoren abhängig. Wird die Kette später zum Kult, kann so ein Gebietsschutz sehr viel wert sein.

Entscheidend ist immer der Standort. In einem kleinen Ort in Mecklenburg-Vorpommern würde ich keinen Cent in eine Pommesbude stecken. An der Hauptwache in Frankfurt oder als exklusiver Essensanbieter an einer Autobahnraststätte dagegen könnt ihr mit einer *McDonald's*-Filiale wenig falsch machen, sofern der Mietvertrag gut ist.

Die bessere Gehschule für Jungunternehmer sind aber die Nachfolgebörsen. Dort bieten Gründer, die in die Jahre gekommen sind und deren Kinder andere Pläne haben, ihre Firmen zum Kauf an. Unter den Angeboten ist viel Schrott. Firmen absterbender Wirtschaftszweige zum Beispiel. Papierhandlungen haben gegen die Filialketten keine Chance mehr, ebenso wenig wie Drogerien. Es hat auch keinen Sinn mehr, ein Callcenter zu übernehmen. Die ausländische Konkurrenz ist wegen der gesunkenen Telefon- und der günstigeren Personalkosten zu stark geworden. Ebenso uninteressant sind die vielen vakanten Handelsgeschäfte in absterbenden Einkaufsstraßen.

Doch im Angebot finden sich immer wieder Juwelen. Viele davon wirken auf den ersten Blick langweilig. Doch nicht alles, was Geld bringt, schillert. Ich habe einen Bekannten bei der Übernahme eines Frankfurter Schornsteinfegerbetriebes beraten und einen Kunden beim Einstieg in eine kleine Gießerei. Der Schornsteinfeger verdient sicher mehr als manches angesagte Restaurant in der Stadt und die Gießerei ist lukrativer als manche schicke PR-Agentur.

Ein Start als Nachfolger hat drei große Vorteile.

Erstens. Ihr müsst nicht jeden Kunden neu finden. Ein existierendes Unternehmen hat bereits einen Kundenstamm und ihr macht ab dem ersten Tag Umsätze. Die Übergabe der Kunden durch den Alteigentümer ist deshalb der sensibelste Punkt. Gelingt sie nicht, macht der Deal keinen Sinn, egal wie erfolgreich die Firma in der Vergangenheit war.

Selbst bei großen Firmen mit Hunderten Millionen Euro Umsatz können die Kunden stark an den Alteigentümer gebunden sein. Wenn sie daran gewöhnt sind, einem grauen älteren Herrn gegenüberzusitzen, mit dem sie seit Jahrzehnten ihren wirtschaftlichen Alltag teilen, hat es ein junger Nachfolger schwer. Erfahrungsgemäß stehen Alteigentümer aber gerne für eine Übergangsfrist zur Verfügung. Sie langweilen sich im Ruhestand und wollen, dass ihr Baby weiter gedeiht.

Zweitens. Nachfolge kann relativ billig sein. Besonders kleine Betriebe, die nur funktionieren, wenn der Eigentümer im Geschäft steht, sind günstig zu haben. Sie kosten die Hälfte bis das Anderthalbfache ihres Jahresumsatzes oder das Zwei- bis Dreifache ihres Jahresgewinns. Die Zahlungsbedingungen sind mangels Nachfrage meist verhandelbar. Häufig fließt ein Drittel des Preises in bar und der Rest in Form von monatlichen Raten oder einer Leibrente für den Alteigentümer. Bei einer Leibrente bekommt der Verkäufer auf Lebzeit einen Anteil am Umsatz oder am Gewinn.

Erzielt zum Beispiel eine Steuerberatungskanzlei jährlich eine Million Euro Honorarumsatz, sind je nach Qualität und Dauer der Kundenbeziehungen 900.000 Euro ein möglicher Kaufpreis. Mit etwas Verhandlungsgeschick lassen sich 900.000 Euro auf 300.000 Euro sofort und zehn Jahresraten zu 60.000 Euro aufteilen. Bei der Anzahlung habt ihr den Vorteil, dass Banken die Übernahme eines existierenden Geschäftsbetriebes eher finanzieren als eine Neugründung. Begleicht ihr die Anzahlung mittels Kredit und den Rest in Form von Raten oder einer Leibrente, könnt ihr unter Umständen fast den gesamten Kaufpreis aus dem Unternehmen selbst erwirtschaften.

Die Anzahlungen liegen oft deutlich unter 50.000 Euro. Manchmal reichen 10.000 oder 20.000. Ich kenne einen Jungunternehmer, der einen heruntergewirtschafteten Hersteller von Musikanlagen übernommen hat. Er zahlte als Kaufpreis überhaupt nur einen symbolischen Betrag und übernahm dafür die Schulden. Nur wenn er die Firma wieder tief in die Gewinnzone führen kann, zahlt er einen Bonus.

Drittens. Eine Nachfolge hat oft Potenzial nach oben. Sobald ihr eure Firma mit sicherer Hand lenkt und die wichtigsten unternehmerischen Erfahrungen gesammelt habt, könnt ihr an Expansion denken. Die Werkstatt, zu der ich meine Autos mit Kratzern bringe, war einst ein Schnäppchen an einer Nachfolgebörse. Der Nachfolger setzte auf den hohen urbanen Bedarf an kleinen Lackkorrekturen. Inzwischen betreibt er acht Filialen und hat sich angesichts der wachsenden Konkurrenz durch Ketten wie *Chipsaway* auf Qualität für Luxusautos spezialisiert. Die Firma ist mittlerweile rund das Zwanzigfache dessen wert, was er selbst dafür bezahlt hat.

Es gibt zwei Arten, eine Firma zu kaufen.

Erstens. Der *Share Deal*. Dabei kauft ihr die juristische Person mit allen dazugehörigen Vermögenswerten, Verbindlichkeiten und Haftungen. Eine strenge Prüfung der Firma mit einem Steuerberater und einem Wirtschaftsanwalt ist hier besonders wichtig. Denn Verkäufer einer Firma ticken genau wie Autoverkäufer. Sie putzen das Unternehmen heraus, und wenn gleichsam die Bodenplatte rostig ist, machen sie euch nicht extra darauf aufmerksam. Ein Baumeister, der seine

Firma verkauft, verschweigt euch vielleicht, dass er bei einer Reihenhaussiedlung gepfuscht hat. Wenn dort eine Decke einstürzt und Mieter verletzt werden, haftet nicht mehr er, sondern ihr für die Kosten der Sanierung, das Schmerzensgeld und die Beschaffung einer Ersatzbehausung.

Ich hatte einmal einen Fall, bei dem der Alteigentümer seine Geliebte in der Firma angestellt und bezahlt hatte, obwohl sie dort nie arbeitete. Im Rosenkrieg vor seiner Scheidung zeigte ihn seine Ehefrau dafür bei der Finanz an. Das Finanzamt akzeptierte das Gehalt der Geliebten nicht mehr als Firmenausgabe und verlangte eine hohe Summe zurück. Zahlen musste nicht der untreue Ehemann, der inzwischen im Ausland lebte, sondern sein Nachfolger in der Firma, der von der Sache gar nichts gewusst hatte.

In einem professionellen Kaufvertrag gewährleistet der Verkäufer zwar, dass alle Bilanzen korrekt sind, keine Rechtsstreitigkeiten bestehen und alle Steuern und Abgaben ordnungsgemäß bezahlt wurden. Doch das bietet keine hundertprozentige Sicherheit. Im Ernstfall haftet zuerst ihr für die Probleme und könnt euch hinterher beim Verkäufer schadlos halten. Im genannten Fall hätte der Käufer versuchen können, den Verkäufer vor ein ausländisches Gericht zu bringen, aber der Mann hatte inzwischen sein Vermögen schon verprasst. Außer Ärger und weiteren Kosten wäre nichts dabei herausgekommen.

Zweitens. Der *Asset Deal*. Dabei kauft ihr nicht die ganze Gesellschaft, sondern nur den laufenden Geschäftsbetrieb. Das heißt, ihr gründet eure eigene Gesellschaft und bringt den

Kundenstamm, das Inventar und etwa den Markennamen der übernommenen Firma dort ein. Alle Forderungen und Schulden der Firma bleiben mit gewissen Ausnahmen bei der ursprünglichen Gesellschaft und damit beim Verkäufer. Der Asset Deal ist deshalb die beliebtere Variante. Er birgt weniger Risiko. Die Gefahr, dass ihr als Jungunternehmer unwissentlich mit Leichen im Keller startet, ist damit stark reduziert.

Aufpassen müsst ihr trotzdem. Etwa, wenn ihr Mietverträge übernehmt. Oft steht eine Klausel darin, der zufolge der Hauseigentümer die Miete beim Verkauf des Geschäftes an das marktübliche Niveau anpassen darf. Eine Modeboutique etwa ist bei fünf oder sechs Euro Miete pro Quadratmeter vielleicht noch eine *Cashcow*, aber schon bei zwanzig oder dreißig Euro ein Pleitefall. Ebenso kann der Käufer selbst bei einem Asset Deal für arbeitsrechtliche Probleme sowie für nicht bezahlte Steuern und Abgaben haften.

Ich habe einmal einen Kellner bei der Übernahme des Restaurants beraten, bei dem er gearbeitet hat. Der Wirt wollte seinen Lebensabend daheim in der Türkei verbringen. Der Kellner lieh sich Geld von seiner Familie und zahlte eine kleine Summe sofort und den Rest als Leibrente. Beim Mietvertrag hatte er Glück. Der Vermieter, ein älterer Herr, wohnte im Haus und aß gern türkisch. Er hob die Miete nur leicht an. Andernfalls wäre die Übernahme geplatzt.

Neun Begriffe, die ihr als Unternehmer braucht

Ihr habt Berührungsängste mit wirtschaftlichen Grundbegriffen. Sie verstärken eure Scheu vor Selbstständigkeit. „Mit Bilanzen und so will ich nichts zu tun haben", sagt ihr. Dabei gibt es nur neun wichtige Begriffe, und die sind sehr einfach zu verstehen.

Erstens. Eine *Bilanz* besteht aus einer Aktiv- und einer Passivseite. Auf der Aktivseite steht alles, was die Firma besitzt. Dazu gehören bei einem Restaurant die Küche, die Tische, die Stühle und die Kaffeemaschine und bei einem Schuhladen die Schuhe in den Regalen und im Lager. Ebenfalls auf der Aktivseite stehen die Forderungen der Firma an Kunden, die noch nicht bezahlt haben, sowie das Bargeld und die Wertpapiere der Firma. Auf der Passivseite stehen ihre Schulden bei Banken, anderen Geldgebern, Lieferanten und dem Finanzamt.

Zweitens. Zieht ihr von der Summe der Aktiva in der Bilanz die Summe der Passiva ab, habt ihr das *Eigenkapital* der Firma errechnet. Fällt das Eigenkapital negativ aus, ist die Firma angeschlagen.

Drittens. *Abschreibungen* sind Investitionen, die eine Firma tätigt und sofort bezahlen, aber in der Buchhaltung und gegenüber dem Finanzamt über mehrere Jahre verteilen muss. Kauft sie einen Computer für 3.000 Euro, ist der nach Meinung des Finanzamtes nach einem Jahr noch immer zwei Drittel seines Preises wert, nach zwei Jahren ein Drittel und erst nach drei Jahren nichts mehr. Ihr könnt also jährlich nur 1.000 Euro als Aufwand von der Steuer absetzen. Maschinen und Möbel könnt ihr nur auf fünf bis zehn Jahre verteilt abschreiben.

Viertens. In der *Gewinn- und Verlustrechnung* werden von den Einnahmen der Firma durch Verkaufserlöse die Ausgaben für den Wareneinkauf, das Personal, die Dienstreisen, die Miete, die Energiekosten, den Fuhrpark, den Steuerberater und so weiter abgezogen. Sie sagt aus, ob die Firma in einem Jahr schwarze oder rote Zahlen geschrieben hat. Dort stehen auch die Abschreibungen und die Steuern.

Fünftens. Das *Finanzergebnis*, das ebenfalls in der Gewinn- und Verlustrechnung der Firma nachzulesen ist, besteht aus den Habenzinsen, die sie für das Geld auf ihren Konten bekommt, plus ihren möglichen Einnahmen aus Beteiligungen an anderen Firmen minus ihrer Kreditzinsen. Hat eine Firma Schulden, ist das Finanzergebnis immer negativ, es sei denn, sie hat Beteiligungen, die Gewinne abwerfen.

Sechstens. Der *Jahresgewinn oder -verlust* ist das wirtschaftliche Ergebnis eines Unternehmens nach Abzug der Steuern und des Finanzergebnisses.

Siebtens. *Das Ebit* (Gewinn vor Zinsen und Steuern) ist der Gewinn oder Verlust eines Unternehmens vor Abzug der Steuern und des Finanzergebnisses.

Achtens. Das *Ebitda* ist das Ebit plus Abschreibungen.

Neuntens. Ein Näherungswert für den *Cashflow* ergibt sich aus dem Ebitda minus Investitionen.

ABENDESSEN
zwei

Thema

investieren für anfänger

Das Ende aller Arschkriecherei ist die wirtschaftliche Unabhängigkeit. Ihr haltet sie für einen seltenen Glücksfall, den das Schicksal per Zufall verteilt. Sie hat für euch etwas mit einem reichen Onkel aus Amerika, einem Lotto-Sechser oder reich Heiraten zu tun. Die Sache mit dem Onkel gebt ihr früher oder später auf, Lotto spielt ihr gar nicht richtig und irgendwann seid ihr mit jemandem liiert, der auch nicht reicher ist als ihr. Was wirtschaftliche Unabhängigkeit eigentlich bedeutet, fragt ihr euch nie.

> *Wirtschaftliche Unabhängigkeit bedeutet, dass*
> *ihr eure Lebenshaltungskosten durch ein passives*

*Einkommen bestreiten könnt. Passives Einkommen
entsteht nicht durch Arbeit, sondern durch
Vermögen.*

Um ein passives Einkommen zu haben, müsst ihr den Spieß umdrehen. Statt euch Krokodile in Form von Eigenheimkrediten, Leasingraten oder Konsumschulden anzuschaffen, die euch irgendwann auffressen, müsst ihr Kühe in Form von Aktien, Anleihen, Fonds, Immobilien oder Firmenbeteiligungen haben, die Milch in Form von Renditen, Zinsen, Mieten oder Gewinnausschüttungen geben. Sobald in eurem Stall genug gesunde Kühe stehen, kann euch niemand mehr sagen, wann ihr was zu tun habt.

Wirtschaftliche Unabhängigkeit erfordert keine Millionen. Ihr braucht dafür das 20- bis 25-Fache eurer jährlichen Ausgaben, sofern ihr etwas vom Investieren versteht und nicht auf unfähige Finanzberater angewiesen seid. Wenn das für Miete, Auto, Essen, Kleider, Urlaub und so weiter 30.000 Euro im Jahr sind, braucht ihr 600.000 bis 750.000 Euro. Eine Summe, die sich innerhalb eines realistischen Zeitraumes erwirtschaften lässt, vorausgesetzt, dass ihr hart arbeitet und sparsam lebt. Legt ihr monatlich 700 Euro zu einer durchschnittlichen Rendite von acht Prozent zurück, habt ihr dieses Ziel nach 25 Jahren erreicht. Wenn ihr mit 25 damit anfangt, seid ihr mit 50 so weit. Legt ihr 800 oder 1.000 Euro monatlich zurück, könnt ihr auch bei niedrigerer Rendite schon nach 20 Jahren nur noch eure eigenen Wege gehen. Schafft ihr es nicht, so viel Geld zur Seite zu legen, lest bitte noch einmal nach unter „Abendessen eins".

Eine andere Möglichkeit ist die Vermietung von Wohnungen. Um eine kleine Eigentumswohnung anzuzahlen und zu vermieten, braucht ihr 15.000 bis 20.000 Euro. Wenn ihr zehn kleine Eigentumswohnungen anzahlt und vermietet, seid ihr wirtschaftlich unabhängig, sobald eure Mieter die Kredite abbezahlt haben. Das ist bei guten Wohnungen nach zwanzig Jahren der Fall.

So wie ihr es jetzt anstellt ist eure Chance auf wirtschaftliche Unabhängigkeit gleich null. Wenn ihr euch überhaupt Kühe kauft, dann welche, die vielleicht hübsch aussehen, aber krank sind oder zu wenig Milch geben oder schlechte Gene haben und deshalb frühzeitig verenden. Denn ihr setzt mit Vorliebe auf vier besonders dumme Arten der Geldanlage.

Erstens. Das Sparbuch. Mein erstes Sparbuch bekam ich mit zehn von einer Tante. Darauf befanden sich 700 Schilling – also etwa 50 Euro. Hätte ich mir damals für das Geld Spielzeugautos gekauft, hätte ich mehr davon gehabt. Gut erhaltene *Wiking*-, *Schuco*- oder *Matchbox*-Autos sind inzwischen einiges wert, während die Sparbuchzinsen kaum die Inflation gedeckt haben.

Den Zusammenhang zwischen Zinsen und Inflation kapiert ihr immer erst, wenn ihr nach Auflösung eines alten Sparbuches für das Geld viel weniger als erwartet bekommt. So ist das Leben, denkt ihr dann, je älter man wird desto schneller vergeht die Zeit, desto schöner werden die Erinnerungen und desto weniger wird das Geld auf dem Sparbuch. Dabei lässt sich Letzteres nüchtern berechnen.

> *Bei 3,5 Prozent Inflation und 0,5 Prozent Zinsen verliert ihr jährlich 3 Prozent eures Kapitals. Nach zehn Jahren ist demnach ein Viertel eures Vermögens weg. Bei 7,5 Prozent Inflation ist die Hälfte weg.*

Brav zahlt ihr trotzdem weiter ein und freut euch über den Lutscher oder die Geldbörse mit Klettverschluss, die ihr bei jeder zehnten Einzahlung bekommt. Dabei müssen sich die Banken dafür wirklich nicht verausgaben. Sie stecken euer Geld in Aktien, Anleihen, Fonds, Immobilien oder Firmenanteile und erzielen dabei ein Vielfaches der Rendite, die sie euch bezahlen. Oder sie borgen euer Geld überhaupt gleich wieder euch selbst, zu viel höheren Zinsen. Dann etwa, wenn ihr einen Kredit für ein Auto aufnehmt, weil ihr euren Notgroschen auf dem Sparbuch nicht anrühren wollt.

Wenn nicht die Inflation euer Geld vom Sparbuch frisst, könnt ihr es auch bei einer Bankenpleite verlieren. Nur 100.000 Euro eures Guthabens sind in diesem Fall gesichert, der Rest ist unwiderruflich futsch.

Zweitens. Der Sparbrief. Da ihr Unfug wie Sparbücher mögt, hat die Finanzindustrie in Form von Sparbriefen noch mehr Unfug für euch entwickelt. Dabei zahlt ihr regelmäßig eine bestimmte Summe ein. Im besten Fall wächst euer Vermögen, ohne dass ihr euch dafür mehr kaufen könnt, weil das Leben gleich schnell teurer wird. In vielen Fällen schrumpft es. Dann zahlt und zahlt ihr, um ärmer und ärmer zu werden.

Drittens. Die Lebensversicherung. Bei Lebensversicherungen bündeln, verschnüren und verpacken die Anbieter sinnvolle Anlageformen wie Aktien, Anleihen oder Fonds und präsentieren sie euch so, dass sie selbst möglichst viel dabei verdienen. In der Maschinerie aus Raffgier, die sich um Lebensversicherungen gebildet hat, kommen nur noch die Finanzberater und die Versicherungsmakler auf ihre Kosten. So gehen von jedem Euro, den ihr in eine Lebensversicherung steckt, bis zu 15 Cent als Provisionen an die Verkäufer. Die könntet ihr euch sparen, wenn ihr euer Geld einfach selbst in Aktien, Anleihen oder Fonds anlegen würdet. Aber da fällt euch wieder ein, dass ihr schon immer schlecht im Rechnen gewesen seid.

Die Verkäufer bieten euch natürlich nicht an, was gut für euch ist, sondern was ihr dumm genug zu kaufen seid. Ich kenne einen Zwanzigjährigen, der eine Risikolebensversicherung abgeschlossen hat. Jetzt zahlt er Monat für Monat dafür, dass im Fall seines Todes oder seiner Berufsunfähigkeit seine Frau und seine Kinder abgesichert sind, die er gar nicht hat.

Weil „Sicherheit" auf der Verpackung steht, lest ihr das Kleingedruckte gar nicht mehr. Dabei ist bei solchen Produkten Sicherheit eine teure Illusion. Garantiert ein Lebensversicherer die Auszahlung eines Mindestkapitals am Ende der Laufzeit, legt er einfach vier Fünftel eures Geldes in besonders risikoarmen Papieren an. Die bringen euch wenig Rendite, was dem Versicherer egal ist. Er verrechnet euch auch dafür risikofrei fette Gebühren. Geht mit der Anlage doch etwas schief, bedauert er und kürzt die Leistungen trotzdem. Versicherungen machen genau wie Banken ein Geschäft, das auf Gewinne ausgerichtet ist. Sie waren nie als die karitativen Organisationen konzipiert, für die ihr sie haltet.

Immer mehr Anleger verstehen, wie dumm der Abschluss ihrer Lebensversicherung war. Doch wer nach wenigen Jahren aussteigen will, bekommt kaum bis gar kein Geld zurück. Die Versicherungen bezahlen von euren Beiträgen zunächst die Provisionen, etwa für den Herrn, der euch die Police angedreht hat, und beginnen dann erst, in eurem Sinn zu investieren. Das alles ist natürlich ganz legal.

> *Versicherungen eignen sich grundsätzlich nicht als Geldanlage, zu der sie von Finanzberatern missbraucht werden, sondern zu ihrem eigentlichen Zweck, der Absicherung von Risiken. Auto-, Haushalts- und Gesundheitsversicherungen sind durchaus sinnvoll.*

Viertens. Der Bausparvertrag. Der deutsche Pastor Friedrich von Bodelschwingh gründete vor mehr als 125 Jahren die erste Bausparkasse.

Durchgesetzt hat sich die Idee, bei der sich Sparer gegenseitig helfen, im Wiederaufbau nach dem Zweiten Weltkrieg. Mitglieder in der Ansparphase finanzieren dabei mit ihren Raten jene, die bereits bauen. Die Zinsen sind von den Schwankungen des Kapitalmarktes unabhängig.

Das Modell ist im Vergleich zu Lebensversicherungen angenehm transparent. Geld in einen Bausparvertrag zu stecken ergibt trotzdem keinen Sinn. Meistens bekommt ihr am Ende der

Laufzeit nach Abzug der Inflation auch nur euer Kapital wieder heraus. Öffentliche Fördermittel erhaltet ihr nur, wenn ihr das Geld wirklich in ein Bauvorhaben steckt und das Wohneigentum selber nutzt. Sonst zahlen euch die Bausparkassen zwar einen Bonus, aber der ist zu niedrig um diese Form der Geldanlage interessant zu machen.

Wenn ihr wirtschaftlich unabhängig werden wollt, müsst ihr euer Geld intelligenter anlegen. Ihr braucht dazu keine Mathematikgenies zu sein. Jeder von euch kann es. Jeder von euch kann stabile Renditen erzielen und damit nach und nach wirtschaftliche Macht aufbauen. Es erfordert allerdings viel mehr Zeit, Aufmerksamkeit und Begeisterung für die Sache, als ihr denkt.

> *Wenn ihr eine Geldanlage nicht mindestens ebenso aufmerksam auswählt wie ein neues Auto oder euer nächstes Urlaubsziel, hat es keinen Sinn. Dann bleibt ihr weiter die Schafe der Finanzindustrie und gebt Wolle, bis ihr nicht mehr könnt.*

Beim Investieren gelten einige Grundregeln.

Erstens. Ihr braucht ungefähr 8.000 bis 10.000 Euro Startkapital, richtig interessant wird es ab 25.000. Darunter zahlt es sich nicht wirklich aus. Aktien könnt ihr zwar auch für ein paar Hunderter kaufen, aber der Aufwand für ein intelligentes Investment lohnt sich bei so kleinen Summen nicht. Wenn ihr es euch nicht zutraut, 10.000 Euro zur Seite zu legen, braucht ihr die folgenden Kapitel nicht zu lesen.

*Wer sich den Eintritt ins Kasino nicht leisten kann,
verzichtet besser auf das Glücksspiel.*

Wenn ihr die 10.000 Euro Startkapital nicht habt, müsst ihr sparen. Dazu müsst ihr eure Sparrate ermitteln. Zieht von euren monatlichen Einnahmen eure Ausgaben ab. Das klingt einfach, trotzdem machen sich nur die wenigsten von euch diese Mühe.

Bei eurer privaten Einnahmen- und Ausgabenrechnung könnt ihr gleich überflüssige Ausgaben beseitigen. Ich konnte noch nie verstehen, warum selbst Studenten mit knapper Kasse immer das neue *iPhone* für 400 bis 500 Euro brauchen, während Generaldirektoren mit robusten *Nokia*-Telefonen auskommen, und dann noch die Hälfte ihres Einkommens in Discos versaufen, statt vor dem Ausgehen mit Freunden daheim vorzuglühen und unterwegs mit zwei Bier auszukommen. Von größeren Geldfressern wie neuen Möbeln oder Autos ganz zu schweigen. Dieses Geld verschwindet spurlos, während es sich bei richtiger Handhabung vermehren ließe.

Läuft euer Vertrag mit dem Telefon- und Internetanbieter so lange, dass es inzwischen günstigere Tarife gibt? Habt ihr überflüssige Versicherungen? Lohnt sich die Wahl eines neuen Stromanbieters? Sobald ihr eure Ausgaben optimiert habt, seht ihr auf einen Blick, wann ihr mit dem Investieren anfangen könnt. Wenn das erst in zehn Jahren oder nie ist, lest bitte ebenfalls noch einmal unter „Abendessen eins" nach.

Zweitens. Auf Pump zu investieren ist meist ein Fehler. Es mag verlockend sein, mit geliehenem Geld aus nichts ein Vermögen zu machen. Versucht es trotzdem nicht. Warren Buffett hat dazu einmal gesagt, dass selbst eine 99-prozentige Wahrscheinlichkeit, mit geliehenem Geld ein besseres Auskommen zu erwirtschaften, nicht das 1-prozentige Risiko rechtfertigt, wegen der Schulden für eine Spekulation in wirtschaftliche Not zu geraten.

Mir war es schon immer ein Rätsel, wie gebildete Menschen in der Hoffnung auf Mehreinnahmen in der Zukunft geliehenes Geld ausgeben können. In sechs Monaten hat euch euer Chef eine Gehaltserhöhung versprochen, also kauft ihr heute eine neue Möbelgarnitur. Ich zumindest weiß nicht, wie die Welt in einem halben Jahr aussehen wird. Vielleicht existiert euer Chef dann nicht mehr oder vielleicht gibt es eure Firma nicht mehr. Solltet ihr mir in diesem Punkt voraus sein, dann macht diese Gabe schnellstmöglich zu Geld.

Wenn ihr trotzdem auf Pump investiert, müsst ihr euch in der Materie außergewöhnlich gut auskennen. Das Investment muss auch in Krisenzeiten wertbeständig sein, es muss laufende Einnahmen produzieren, die die Kreditrate übersteigen, und ihr müsst immer über ausreichende Bargeldreserven verfügen. Eine Wohnung, die ihr mit viel Know-how zu guten Konditionen und in der richtigen Lage gekauft habt, kann so ein Investment sein. Sie produziert Mieteinnahmen, mit denen ihr den Kredit bedienen könnt, und wenn ihr genügend Reserven habt, um auch bei Notfällen wie Mietausfällen oder Reparaturen nicht in eine Krise zu geraten, spricht nichts gegen eine Kreditfinanzierung.

Eure Schulden für Investments sollten auch in solchen Fällen nie mehr als fünfzig Prozent eurer gesamten Vermögenswerte ausmachen. Ein Investor, der vier Wohnungen im Wert von je 50.000 Euro, 50.000 Euro Bargeld und Aktien im Wert von 50.000 Euro besitzt, sollte also nicht mehr als 150.000 Euro Schulden haben. Hat er zu viele Schulden und seine Vermögenswerte entwickeln sich, aus welchem Grund auch immer, negativ, kann die Bank darauf zugreifen und sie zum falschen Zeitpunkt zu einem schlechten Preis verkaufen. Zu viele Investmentschulden zu haben heißt in der Fachsprache „overleveraged" zu sein. Den ehemaligen Wall-Street-Titanen *Merrill Lynch* und *Bear Stearns* ist das passiert. Sie sind pleitegegangen.

Drittens. Legt nie euer gesamtes Vermögen an. Erfolgreiche Investoren halten 20 bis 25 Prozent in bar oder in Form von Anlagen, die sich schnell flüssig machen lassen. Meine Banker meinen immer, ich hätte zu viel Geld auf meinen Konten liegen. Das ist Unsinn. Mein Kontostand verrät mir, dass ich gut verdiene und für Notfälle oder Schnäppchen flüssig bin. Vor Kurzem bot mir ein Privatverkäufer eine Wohnung in Stuttgart an. Zu Beginn der Verhandlungen wollte er einen Finanzierungsnachweis der Bank sehen. Er ging automatisch davon aus, dass ich eine Kreditfinanzierung brauchte, und wollte keine Zeit mit einem Interessenten vergeuden, der am Ende womöglich kein Geld von der Bank bekommen würde. Ich drückte ihm einen Auszug eines meiner Konten in die Hand, auf dem ein Vielfaches des Kaufpreises in bar lag. Er traute seinen Augen nicht. Danach ging alles sehr schnell. Ich konnte den

Preis sogar noch von 105.000 auf 90.000 Euro herunterhandeln. Cash is King – nur Bares ist Wahres.

Viertens. Es gibt keine Geheimtipps. Wenn sich auf Partys herumspricht, dass ich Investmentbanker bin, höre ich trotzdem immer gleich die Frage danach. Wie Drogensüchtige auf der Suche nach Stoff sind Menschen, die mit Aktien und Geldanlagen in Berührung gekommen sind, hinter heißen Tipps her. Meine Antwort lautet immer gleich.

> *Es gibt keine Geheimtipps für die Geldanlage, es sei denn, sie kommen von einem Insider, und der macht sich strafbar. In den meisten Fällen ist der Tippgeber ein Aufschneider.*

Ich habe zwar in Harvard Mathematik und Betriebswirtschaft studiert und befasse mich den ganzen Tag mit dem Finanzmarkt, aber ich hatte noch nie einen Geheimtipp parat. Wenn ich ausnahmsweise selbst einem vertraut habe, war es immer ein Fehler.

Ihr braucht für eure wirtschaftliche Unabhängigkeit auch keinen Geheimtipp. Wenn ihr versucht, euer Geld über Nacht zu verdoppeln oder risikofrei Gewinne zu scheffeln, geht das auf Dauer nicht gut. Es gibt Ausnahmen, die dann zur Legende werden, wie im Fall von *EM.TV*. Die Papiere des Münchner Medienunternehmens notierten 1997 erstmals zu umgerechnet 0,35 Euro an der Deutschen Börse. Im Hype um die damals neuen Internetfirmen stieg die *EM.TV*-Aktie in wenigen

Monaten auf 120 Euro, also auf das 350-Fache. Hättet ihr 1997 auf zwei Flaschen Wodka in der Disco, zwei Stunden beim Seelenklempner und einen neuen Anzug von der Stange verzichtet und das Geld in *EM.TV*-Aktien investiert, hättet ihr euch dafür wenig später eine hübsche kleine Wohnung kaufen können.

Vom Ende der Geschichte redet selten jemand. Die vom Management versprochenen Gewinne blieben aus. Die Staatsanwaltschaft nahm Ermittlungen auf. Später wurden die beiden ehemaligen *EM.TV*-Vorstände Thomas und Florian Haffa zu hohen Geldstrafen verurteilt, weil sie ihre Unternehmensverhältnisse falsch dargestellt hatten. Die Aktien des Unternehmens fielen so schnell, wie sie gestiegen waren.

Wer zum richtigen Zeitpunkt ein- und ausgestiegen war, machte seinen Schnitt. Aber die meisten Anleger verloren sehr viel Geld. Vor allem die Kleinanleger stiegen erst ein, nachdem ihnen Investmentberater und Anlagezeitschriften *EM.TV* als Geheimtipp empfohlen hatten. Zu diesem Zeitpunkt hatte die Aktie schon den Großteil ihres Kursanstieges hinter sich.

Bei Geheimtipps habe ich meist auch keine Ahnung, was den Tippgeber bewegt. Ist er wirklich ein so guter Mensch, dass er alle an seinem Wissen teilhaben lassen will, damit sie etwas von seinem Wohlstand und Reichtum abbekommen? Wohl kaum. Will er Gerüchte streuen, um gute Stimmung für seine Anlagen zu machen und die Preise nach oben zu treiben, während er selbst schon lange an Verkauf denkt? Schon eher.

Ich will mit meinen Anlagen langfristig solide zehn bis zwölf Prozent Rendite auf mein eingesetztes Eigenkapital erwirtschaften, egal ob es sich um Aktien, Immobilien, Firmenbeteiligungen oder was auch immer handelt. Eine einfache Rechnung zeigt, dass diese Strategie den wahren Reichtum bringt. Bei einer Rendite von zehn Prozent im Jahr verdopple ich meinen Einsatz in nur 7 Jahren und vervierfache ihn in 15.

Fünftens. Ihr müsst euch bei euren Investments besser auskennen als die Mehrheit der anderen Investoren. Eine Weile galten chinesische Aktien als Chance auf schnellen Reichtum. Fast alle Europäer haben damit draufgezahlt. In China machen die Chinesen das Spiel. Die kennen sich dort besser aus als Kleinanleger, die irgendwo am Rhein oder an der Donau mit großen Hoffnungen ins Blaue investieren.

Pierré, ein Frankfurter Cafetier, bei dem ich gerne eine Tasse trinke, macht es besser. Er kennt sich mit Kaffee besser aus als die meisten anderen Menschen. Er hatte schon als Student eine Leidenschaft dafür. Während seine Kommilitonen im Sommer in Paris am Fließband standen, jobbte er in den großen Anbaugebieten Brasiliens und Kolumbiens. Pierré weiß unter anderem, dass die Nachfrage nach Kaffee, wie bei jeder Droge, vom Preis unabhängig ist, oder dass ein Unwetter in Brasilien Teile der Ernte vernichten und den Kaffeepreis wegen drohender Lieferengpässe über Nacht explodieren lassen kann. Dieses Spezialwissen macht er sich zunutze. Anfangs investierte er in Kaffeeaktien, inzwischen ist sein Wissen so weit gediehen, dass er am Terminmarkt mit Kaffeekontrakten handeln kann. Das heißt, dass er auf den internationalen Umschlagplätzen für Kaffee auf steigende oder sinkende Preise setzt. Pierré betreibt sein Café, in dem ich lieber sitze als in den besten Wiener Kaffeehäusern, nur noch als Hobby.

> *Lernt den Markt kennen, auf dem ihr Geld anlegen wollt, oder geht den umgekehrten Weg und legt Geld dort an, wo ihr den Markt schon kennt, idealerweise besser als alle anderen.*

Sechstens. Ihr müsst euch auch mit den bei einem Investment anfallenden Nebenkosten für Notare oder Vermittler und mit Steuern, Abgaben und Gebühren auskennen. Die Steuern für ein Investment können zwischen null und sechzig Prozent eurer Rendite ausmachen. Mieten werden anders besteuert als Kursgewinne und die wieder anders als Dividenden und Zinsen. Es macht einen großen Unterschied, ob ihr ein Investment als Privatperson oder als Firma tätigt und welche Rechtsform diese Firma hat. Eine Privatperson darf in Deutschland eine Immobilie nach zehn Jahren steuerfrei verkaufen, davor zahlt sie je nach Einkommenssituation bis zu 50 Prozent des Gewinns. Eine Firma zahlt bei Immobilien immer 25 bis 35 Prozent. Bei manchen Investments will das Finanzamt sogar Steuern auf Gewinne, die ihr noch gar nicht realisiert habt.

Hände weg von Steuersparmodellen. Viele Anleger freuen sich, wenn sie dem Staat eins auswischen können, und übersehen dabei, dass hinter solchen Modellen oft extrem schlechte Investments stehen. Außerdem schläft der Fiskus nicht. Er kann die Lücke schließen und dann macht das Ganze erst recht keinen Sinn mehr.

> *Grundsätzlich solltet ihr euch damit anfreunden, dass Steuern zu bezahlen sind. Eure beste Möglichkeit im Umgang damit ist die Wahl eines guten Steuerberaters, der die komplexe Materie im Griff hat.*

Besonders viel Aufmerksamkeit verlangen die Gebühren. Am Kapitalmarkt gibt es Managementgebühren, Depotgebühren und Vertriebsgebühren, bei Immobilien sind es Maklergebühren, Bankgebühren, Bonitätsfeststellungsgebühren, Grundbucheintragungsgebühren und Verwalterzustimmungsgebühren. Bei Gold zahlt ihr Ankaufspesen, Lagerungsgebühren und Versicherungsgebühren. Einige dieser Gebühren sind verhandelbar, andere, wie die staatlichen, nicht. Viele sind wie bei den Lebensversicherungen versteckt. Im Schnitt machen Gebühren 3 bis 25 Prozent eures investierten Kapitals aus und ihr zahlt sie unabhängig davon, ob ein Investment gut oder schlecht läuft.

Siebtens. Sucht euch gute Berater. In Hinterzimmern von Finanzdienstleistern könnt ihr nichts über das Investieren lernen. Verkäufer von Anlageprodukten denken meist nur an ihren eigenen Schnitt, auch wenn sie dann oft zu gierig oder zu dumm sind, um ihn zu machen. Gute Berater sind schwer zu finden. Ihr erkennt sie daran, dass sie viel Geld verdienen. Wer das tut, versteht etwas von seiner Sache.

> *Auf dem Weg zur finanziellen Unabhängigkeit müsst ihr lernen, über ein Investment auf Basis eu-*

rer eigenen Einschätzung und Recherchen selbst zu entscheiden.

Achtens. Es gibt kein Investment ohne Risiko. Länder, deren Staatsanleihen ihr besitzt, können pleitegehen. Firmen, deren Aktien ihr besitzt, können in einem Bilanzfälschungsskandal untergehen. Der Stadtteil, in dem eure Anlagewohnung liegt, kann sterben.

Investitionsrisiken sind nie theoretisch. Sie können immer schlagend werden.

Ihr könnt euer Risiko durch Streuung eurer Investments begrenzen. Am besten investiert ihr in drei verschiedene Anlageklassen, also zum Beispiel in Aktien, Anleihen und Immobilien. Innerhalb der Anlageklassen wählt ihr fünf bis acht verschiedene Investments, also etwa die Aktien von fünf bis acht Unternehmen. Zu breit zu streuen wäre auch ein Risiko. Wenn ihr Aktien von fünfzig verschiedenen Firmen und Anleihen von zehn verschiedenen Staaten haltet, verliert ihr den Überblick.

Euer Risiko hängt immer auch von der allgemeinen wirtschaftlichen Entwicklung ab. In Wirtschaftskrisen stürzen alle Aktien ab. Wenn Immobilienblasen platzen, verlieren alle Immobilien an Wert. Meist ist das Auf und Ab an den Märkten von Euphorie und Panik getrieben. Deshalb müsst ihr lernen, Risiko realistisch zu bewerten.

Die meisten Anleger leiden an Phantomängsten, Kleinanleger ebenso wie Profis. Als 1998 mit *Long-Term Capital*

Management der damals größte Hedgefonds der Welt kollabierte, begann ich gerade meine Karriere bei der amerikanischen Investmentbank *JP Morgan* an der Wall Street. Einer der Direktoren trat vor uns hin und erklärte, dass wir vor dem größten Crash der Wirtschaftsgeschichte stünden, dass unser Finanzsystem zusammenbrechen werde und dass viele von uns in Zukunft ohne Job sein würden. Eine Fehleinschätzung, wie sich herausstellte. Trotzdem fielen zehn Jahre später während der Finanzkrise genau die gleichen Worte wieder und in zehn Jahren werden sie ganz bestimmt neuerlich fallen.

Der Zusammenbruch des Euro ist kein realistisches Szenario. Wer sich von solchen Phantomängsten leiten lässt, tut das Falsche und verpasst die Investitions-Chancen, die Wirtschaftskrisen bieten. Ein realistisches Szenario ist, dass wegen der Überschuldung der Staaten die Inflation steigt und dass die Staaten die Steuern erhöhen oder pleitegehen. Also müsst ihr in dieser Situation nüchtern überlegen, mit welchen Investitionen ihr euer Geld am besten davor schützt.

Wer Risiko nicht verstehen und einschätzen kann,
sollte nicht investieren.

Risiko bleibt immer eine Frage persönlicher Einschätzung und persönlichen Stils. Ich bin eher risikoscheu. Vergangenen Frühling war ich bei einem Sportwagentreffen im österreichischen Ausseerland. Wir rasten den Loser, einen Berg mit Mautstraße und einem Restaurant unterhalb des Gipfels, hinauf. Die Straße ist kurvig, aber wegen der bergauf kürzeren

Bremswege ist sie an einzelnen Stellen für 150 Stundenkilometer gut. Ich fuhr den Aston Martin so schnell, dass mir die friedlichen Bergwanderer die Polizei, das Militär, den Umweltschutz und womöglich die Jäger mit ihren Gewehren an den Hals gehetzt hätten, wenn sie Zeit gehabt hätten, meine Autonummer in ihre Mobiltelefone zu tippen. Trotzdem hing ein getunter Audi an meinem Heck und schoss in einer Kurve an mir vorbei. Der Fahrer wirkte sicher. Er fuhr jenseits meines Risikolimits, aber offenbar innerhalb seines eigenen.

Mit dem Corporate-Finance-Geschäft habe ich auch ein relativ risikoarmes Geschäftsmodell gewählt. Wenn ich Unternehmen bei Finanzierungen oder beim Verkauf einer Firma berate, kann ich nicht viel verlieren. Das Risiko ist für Investmentbanken erst entstanden, als sie zu spekulieren begonnen haben. Zuerst haben sie mit ihren Profiten spekuliert, dann haben sie ihr Risiko immer weiter gesteigert. Sie haben auf Kredit spekuliert und schließlich mit kurzfristigen Krediten, die sie sich nicht mehr leisten konnten. Irgendwann brauchten sie jeden Tag neues Geld vom Kapitalmarkt, um alte Löcher stopfen zu können. Das Ganze war eine Folge von Selbstüberschätzung, die schon oft zu einer falschen Risikobewertung geführt hat.

Neuntens. Ein Investment muss ein klar definiertes Ziel erfüllen. Ein mögliches Ziel besteht darin, dass es euch ein laufendes passives Einkommen beschert. Ihr kauft zum Beispiel eine Wohnung und vermietet sie. Oder ihr kauft Aktien und kassiert die Dividende. Damit bessert ihr euer monatliches Einkommen auf.

Das zweite mögliche Ziel, oft fälschlich als Spekulation bezeichnet, besteht darin, mit einem Investment eine Wertsteigerung zu erzielen. Ihr kauft zum Beispiel ein günstiges Stück Ackerland und erwartet seine Umwidmung zu Baugrund, die seinen Wert über Nacht verdreifachen würde.

Zehntens. Ihr müsst von Anfang an einen Plan für den Ausstieg haben. Sonst geht ihr immer in die gleiche Falle. Wenn es gut läuft, hofft ihr, dass es noch besser laufen wird, und bleibt dabei. Wenn es schlecht läuft, befürchtet ihr, dass es noch schlechter wird, und verkauft zum ungünstigsten Zeitpunkt.

Wenn euer Ziel bei einem Investment das Kassieren einer laufenden Rendite ist, verkauft ihr es, wenn die Rendite nicht mehr hoch genug ausfällt. Wenn euer Ziel eine Wertsteigerung ist, verkauft ihr, sobald die Wertsteigerung erreicht ist oder sich als nicht erreichbar herausstellt.

Es kann passieren, dass ihr zu früh verkauft, weil die Renditen wieder steigen oder der Wert noch weiter wächst, aber auf diese Art gewinnt ihr trotzdem und werdet allmählich reicher und reicher.

> *Habt ihr beim Einstieg in ein Investment keinen Plan für den Ausstieg, ist die Wahrscheinlichkeit, dass ihr damit Geld verdient, gering.*

Elftens. Scheiße gehört wie Scheiße behandelt. Ihr müsst als Investoren bereit sein, Fehlentscheidungen einzugestehen und die Konsequenzen daraus zu ziehen. Die bestehen meist darin, ohne langes Fackeln Verluste zu realisieren, daraus zu lernen und zur Tagesordnung überzugehen.

Die wenigsten Menschen sind dazu in der Lage. Hätten sich die Euroländer bei Bekanntwerden der Griechenlandkrise die Pleite des Landes eingestanden, hätten sie ohne Zögern das Richtige getan. Stattdessen haben sie monatelang über die Scheiße diskutiert und wollten sie gleichmäßig verteilen, während die Märkte auf die Pleite der nächsten Länder spekuliert haben.

> *Wenn ein Stück Scheiße da liegt, bringt es nichts, es unter dem Mikroskop zu betrachten und Schuldige zu suchen. Scheiße wird vom Herumliegen nicht besser. Sie stinkt davon nur noch mehr.*

Ich habe diesen Fehler einmal bei einem Fremdwährungskredit gemacht. Ich nahm aufgrund einer Empfehlung zur Finanzierung einer Wohnung 70.000 Franken auf, was 50.000 Euro entsprach. Der Franken stieg und mein Kredit entsprach auf einmal 53.000 Euro. Ich bekam ein mulmiges Gefühl, zog aber die Konsequenzen nicht. Inzwischen bin ich bei diesem Kredit mit fast 20.000 Euro im Minus.

Scheiße lässt sich durch konsequentes Handeln gut managen. Ein erfahrener Investor zeichnet sich dadurch aus, dass er in schlechten Situationen nicht sein ganzes Geld verliert, sondern darum kämpft und zumindest noch einen Teil davon rettet. Früher war ich frustriert, wenn ich jemandem Geld geliehen hatte und er nicht zahlen konnte. Heute setze ich mich mit so einem Schuldner zusammen und denke mit ihm über Lösungen nach. Vielleicht hat er eine Uhr oder andere Dinge, die mich interessieren. Dann verliere ich vielleicht nicht hundert, sondern nur vierzig Prozent. Vielleicht kann er für mich arbeiten. Vielleicht kann er mir ein Geschäft vermitteln, das mir am Ende mehr bringt, als die Summe, die er mir schuldet.

Ein erfahrener Investor kann eine schlechte Situation sogar für lukrative Geschäfte nutzen, denn auch mit Scheiße lässt sich Geld verdienen. Einige meiner Bekannten haben vor Jahren in ein Anlagesystem investiert, das sie ziemlich cool fanden. Der Erfinder konnte einige meiner Fragen nicht beantworten und andere bezeichnete er sogar als dumm, weshalb ich passte. Monate später brach sein System zusammen und er wurde verhaftet. Er hatte für den Großteil des Geldes seiner Anleger eine private Luxusvilla, teure Autos und Schmuck für seine Frau gekauft.

Ich kaufte einigen verzweifelten Anlegern die Papiere für 25 Prozent ihres ursprünglichen Wertes ab. Ich tat es nicht aus purer Großherzigkeit. Vielmehr hatte ich dem Bericht eines Wirtschaftsmagazins entnommen, dass die Luxusgüter des Betrügers sehr werthaltig waren.

Drei Jahre später wurde das Konkursverfahren abgeschlossen. Nachdem alle Konten des Pleitiers geräumt und alle Vermögenswerte liquidiert worden waren, blieben 75 Prozent des Geldes, das er bei seinen Anlegern eingesammelt hatte. Das heißt, dass ich mein Investment in Scheiße in diesen drei Jahren rund verdreifacht habe.

Zwölftens. Der direkte Weg zu einem Investment ist immer der bessere. Es gibt Fonds, Dachfonds, Lebensversicherungen und diverse Garantieprodukte, die in Immobilien, Kunst, Gold oder Aktien investieren und deren Papiere ihr zeichnen könnt. Wenn ihr in Immobilien investieren wollt, wartet besser, bis ihr 15.000 oder 20.000 Euro für die Anzahlung habt, und kauft sie dann direkt. Wenn ihr in Kunst investieren wollt, kauft ein Bild. Wenn ihr in Aktien investieren wollt, kauft eine Aktie. Wenn ihr in Gold investieren wollt, kauft ein Stück Gold. Dadurch spart ihr Gebühren und andere Nebenkosten, die bei indirekten Investments anfallen. Außerdem könnt ihr so das Risiko besser abschätzen und steuern und eure Anlage besser wieder zu Geld machen. Eine Immobilie, ein Bild, ein Stück Gold oder eine Aktie könnt ihr immer verkaufen. Komplizierte Finanzprodukte wie Lebensversicherungen werdet ihr kaum noch los. Als Käufer dafür kommen am ehesten darauf spezialisierte Hedgefonds infrage. Die zahlen euch dafür aber nur einen Bruchteil eures eigenen Investments.

ABENDESSEN
drei

Thema eins

aktien

Intelligente Aktieninvestitionen bringen auf lange Sicht mehr als die meisten anderen Anlageformen. Angenommen, ein Anleger hat Anfang des 19. Jahrhunderts für einen Dollar Aktien großer amerikanischer Firmen gekauft und er und seine Nachfahren haben die Rendite daraus jeweils wieder in Aktien gesteckt – aus dem Dollar wären inzwischen 8,8 Millionen geworden.

Aktien sind Anteilsscheine an Unternehmen. Die Besitzer der Unternehmen geben sie nur aus einem Grund aus: Sie brauchen Geld, um neue Produkte zu entwickeln oder neue Märkte zu erschließen. Sie wollen dafür keinen Kredit aufnehmen, den sie samt Zinsen zurückzahlen müssten. Als Aktionäre verdient ihr durch euren Anteil am ausgeschütteten Gewinn – der Rendite eurer Aktie – sowie an der Wertsteigerung der Aktie. Ihr könnt auch auf sinkende Kurse einer Aktie setzen, dann verdient ihr an ihrem Wertverlust.

Die Wertentwicklung einer Aktie sollte von Angebot und Nachfrage abhängen. Doch das ist Theorie. Zahllose Faktoren beeinflussen sie. Hier sind drei davon.

Erstens. Die Investmentbanken, die Unternehmen auf dem Weg an die Börse begleiten, erzeugen beim Marktstart einer Aktie einen künstlichen Hype. Sie kaufen selbst im großen Stil. Aus eigenem Interesse. Würde der Kurs der neuen Aktien gleich stark fallen, sähe es so aus, als hätten sie ihre Arbeit schlecht gemacht. Das würde Kunden, die ihr Unternehmen ebenfalls an die Börse bringen wollen und dafür eine Investmentbank suchen, abschrecken.

Wie fragwürdig die von Investmentbanken gegebenen Informationen bei Börsengängen sind, hat sich 2005 gezeigt. Damals ging der international tätige Broker *Refco* im Zuge eines Bilanzfälschungsskandals pleite. Wenige Monate zuvor hatten ihn einige der renommiertesten Investmentbanken an die Börse gebracht.

Kritisch zu hinterfragen sind auch die Börsenprospekte zu neuen Aktien, die Investmentbanken gemäß gesetzlichen Vorschriften herstellen. Auch sie sind geprägt von ihrem Interesse, dass sich die Aktie möglichst gut verkauft.

Zweitens. Der Aktienkurs spiegelt weniger den wahren Wert eines Unternehmens als die Erwartungshaltungen des Marktes wider. Als Schüler habe ich nie verstanden, weshalb ein Aktienkurs abstürzen kann, wenn ein Unternehmen Rekordgewinne meldet und umgekehrt. Es hat mit Erwartungshaltungen zu tun. Haben die Anleger sechs Milliarden Euro Rekordgewinn erwartet, es sind aber nur fünf, sind sie enttäuscht und der Kurs sinkt. Haben sie zwei Milliarden Euro Verlust erwartet und es wird nur eine, sind sie positiv überrascht und der Kurs steigt.

> *Der Kurs einer Aktie ändert sich immer dann sprunghaft, wenn sich die Erwartungshaltung des Marktes ändert.*

Wenn ein neuer Chef kommt und der alte als schlecht galt, steigt der Kurs. Der Markt erwartet, dass von nun an ein frischer Wind weht. Nach dem Rücktritt von Jürgen Schrempp als Vorstandsvorsitzendem der *Daimler-Chrysler AG*, heute *Daimler-Benz AG*, im Jahr 2005 war das der Fall.

War der alte Chef erfolgreich, sinkt der Kurs bei seinem Abgang. Der Markt erwartet, dass der neue Mann nicht in seine Fußstapfen treten können wird. So geschehen beim Rücktritt von Steve Jobs als CEO von *Apple*.

Drittens. An den Börsen gibt es regelmäßig Phasen von totalem Realitätsverlust, in denen sich Euphorie und Panik ablösen, Spekulationsblasen entstehen und platzen. Im Jahr 2000, vor dem Platzen der Internetblase, war *Priceline*, ein Verkaufsportal für Airlinetickets, an der Börse wertvoller als die größten Fluglinien der Welt. Ein halbes Jahr später lag der Wert mancher Internetfirmen unter dem Bargeldbestand auf ihren Konten.

Spekulationsblasen gab es schon immer. Vor 300 Jahren löste der Brite John Law eine aus. Er gründete die *Compagnie des Indes* für den Handel mit den französischen Kolonien in Amerika. Die Begeisterung der Anleger für die neuen Ländereien war damals ebenso groß wie 2000 ihre Begeisterung für die neuen Internetfirmen. Die Anteilsscheine an der *Compagnie des Indes* stiegen binnen Kurzem um das 400-Fache ihres Ausgabepreises, also sogar um noch mehr als Jahrhunderte später die Aktien von *EM.TV*. Doch wie bei *EM.TV* zerbrachen auch bei der *Compagnie des Indes* die hochgesteckten Gewinnerwartungen an der Realität. Als Laws Gesellschaft zahlungsunfähig war, verarmten viele Anleger, vor allem die kleinen, die ihre Anteile auf Pump gekauft hatten.

Wer in solchen Phasen die Nerven behält, kann sehr gut verdienen. Es war egal, welche Papiere Anleger nach dem Platzen der Internetblase oder nach der Finanzkrise 2008 und 2009 kauften, sie haben mit fast allen gewonnen. Einfach ist das wegen der psychologischen Hürden trotzdem nie. Ich nehme mir jedes Mal vor, nach dem nächsten Crash zu kaufen, trotzdem passiert es mir dann, dass ich zu unsicher bin. Doch die Chance kommt immer wieder.

Um unabhängig von der öffentlichen Stimmung in Aktien investieren zu können, müsst ihr sie genau analysieren. Dafür gibt es zwei Methoden.

Erstens. Die Chartanalyse. Dabei analysiert ihr den Börsenchart einer Aktie innerhalb eines bestimmten Zeitraumes anhand von mathematischen und geometrischen Anhaltspunkten, ganz unabhängig davon, ob das Unternehmen Eier, Öl oder Autos produziert. Bildet der Chart ein M, kann das ein Signal für den Ausstieg sein. Bildet er ein w, kann es eins für den Einstieg sein.

Welche Form des Charts was bedeutet und wie sich das Ganze verfeinern lässt, könnt ihr aus Dutzenden Büchern und Seminaren erfahren. Die einfachste Methode der Chartanalyse besteht darin, die drei Tiefstwerte einer Aktie innerhalb eines Jahres mit einer Linie zu verbinden. Liegen die aktuellen Kurse über der Verlängerung dieser Linie, bedeutet das einen Aufwärtstrend. Liegen sie unter der verlängerten Verbindungslinie der Tiefstpunkte, bedeutet das einen Abwärtstrend.

Zweitens. Die Fundamentalanalyse. Sie geht davon aus, dass sich der wahre Wert und der Börsenwert eines Unternehmens auf lange Sicht aneinander angleichen. Es geht also darum, den wahren Wert eines Unternehmens zu ermitteln. Ist er höher als der Börsenwert, lohnt sich der Aktienkauf, und umgekehrt.

Der wahre Wert einer Immobiliengesellschaft setzt sich aus den Werten ihrer einzelnen Immobilien abzüglich ihrer Schulden zusammen. Ihr Börsenwert ergibt sich aus der Multiplikation des Aktienkurses mit der Anzahl der ausgegebenen Aktien. Vor der Finanzkrise lagen die Börsenwerte vieler Immobiliengesellschaften klar über dem Nettowert ihrer Immobilien. Da wäre Verkauf angesagt gewesen. Während der Finanzkrise stürzten sie oft auf einen Bruchteil der wahren Werte ihrer Häuser, Wohnungen, Grundstücke oder Gewerbeimmobilien ab. Da wäre Kauf angesagt gewesen.

Bei der Fundamentalanalyse gibt es einige wichtige Kennzahlen. Etwa das Kurs-Gewinn-Verhältnis, kurz KGV. Das KGV ist der Börsenwert des Unternehmens dividiert durch seinen Gewinn. Ist das KGV im Vergleich zu dem der Konkurrenz niedrig, kann die Firma an der Börse unterbewertet sein. Ist das KGV hoch, kann sie überbewertet sein.

Ihr könnt euch trotzdem nicht einfach mit dem Taschenrechner ausrechnen, welche Aktie ihr kaufen sollt. Ein niedriges KGV kann genauso gut bedeuten, dass die Firma schlechte Zukunftsaussichten hat, ein hohes, dass sie gute hat. *Google* und *Apple* haben ein sehr hohes KGV, weil der Markt ihre Zukunftsaussichten sehr positiv sieht. Es kommt also auch hier am Ende auf eure persönliche Einschätzung an.

Profis ziehen statt dem KGV gerne den *Enterprise Value* heran. Der *Enterprise Value* ist die Börsenkapitalisierung des Unternehmens plus ihren Nettoschulden dividiert durch den Cashflow. Für diesen Wert gilt das Gleiche wie für das KGV.

Eine interessante Rechnung könnt ihr auch mit dem Buchwert einer Aktie anstellen. Der Buchwert pro Aktie ist das Eigenkapital des Unternehmens dividiert durch die Anzahl der ausgegebenen Aktien. Ist der Buchwert viel höher als der aktuelle Kurs der Aktie, kann das bedeuten, dass sie unterbewertet ist, und umgekehrt. Wieder heißt das im ersten Fall Kaufen und im zweiten Verkaufen.

> *Eine Aktie nach Bauchgefühl, auf Basis von angeblichen Geheimtipps und ohne genau recherchierte Informationen zu kaufen, wie ihr es tut, ist wie mit geschlossenen Augen bei rot über eine Kreuzung zu laufen und zu hoffen, dass alles gut wird.*

Die für die Fundamentalanalyse nötigen Daten eines Unternehmens wie Jahresgewinn, Eigenkapital, Anzahl der ausgegebenen Aktien, Schulden oder Cashflow entnehmt ihr der Unternehmensseite im Internet. Unter „Investor Relations" stellen börsennotierte Firmen alle relevanten Informationen zur Verfügung, beispielsweise Jahresabschlüsse, Unternehmenspräsentationen, Finanzdaten, Analystenberichte und so weiter. Dort steht zum Beispiel auch, wer im großen Stil in Papiere des Unternehmens investiert hat. Ist der Investor als erfolgreich bekannt, könnt ihr das bei eurer Kaufentscheidung positiv berücksichtigen.

Wenn ihr Werte wie das KGV oder den Unternehmenswert nicht selbst berechnen und vergleichen wollt, könnt ihr euch solche Informationen samt Bewertungen von spezialisierten Internetseiten holen. Sie bieten auch jede Art von aktuellen News über die wichtigsten Aktiengesellschaften. Die Nachrichtenagenturen *Bloomberg* und *Reuters* bieten kostenlosen Zugang auch per Mobiltelefon zu einem Teil ihrer Finanznachrichten an.

Alle namhaften Banken beschäftigen Finanzanalysten, deren Bewertungen ihr teilweise auch im Internet findet. Solche Analysten besuchen die Informationsveranstaltungen der

Firmen, sprechen mit ihren Vorständen und sehen sich die Marktposition an. Manche telefonieren sogar herum, um zu erfahren, wie sich die Produkte eines Unternehmens verkaufen. Am Ende geben sie ihre Empfehlungen über Kaufen, Halten oder Verkaufen ab.

Die Berichte der Analysten enthalten oft interessante Informationen. Die bessere Entscheidungsgrundlage bleibt trotzdem eure Meinung. Die ist unabhängiger. Denn die Banken produzieren ihre Berichte und Empfehlungen vor allem für ihre Großkunden. Sie verdienen zwar am Verkauf von Aktien ebenso wie am Kauf, tendenziell schätzen Bankenanalysten die Entwicklung einer Aktie dennoch zu positiv ein. Vor allem nach dem Platzen von Blasen gibt es häufig Diskussionen über die Unabhängigkeit der Analysten.

Bei Aktien braucht ihr ein System, nach dem ihr emotionslos vorgehen könnt und das euch vor den Stimmungsschwankungen an der Börse schützt. Mein System besteht gemäß der Fundamentalanalyse darin, den meiner Meinung nach fairen Wert eines Unternehmens mit seinem Börsenwert zu vergleichen. Ich ziehe dabei genau wie beim Kauf oder Verkauf einer ganzen Firma den Cashflow der vergangenen fünf bis zehn Jahre heran. Danach bilde ich mir durch Internetrecherchen, Beobachtung des Marktumfeldes, Lesen von Analysen und Prüfung des Managements eine Meinung darüber, ob der Cashflow künftig sinken, stagnieren oder steigen wird. Je nachdem multipliziere ich ihn mit einem Wert von vier bis zwölf. Schließlich ziehe ich die Nettoschulden des Unternehmens ab. Unter dem Strich steht jetzt der meiner Meinung nach faire Wert der Firma, den ich mit ihrem Börsenwert vergleichen kann. Ist er um zumindest 30 Prozent höher als der Börsenwert der Firma, kaufe ich.

Ein weiteres System, das ich benutze, besteht darin, dass ich jeden Monat für die gleiche Summe Aktien kaufe, unabhängig von der aktuellen wirtschaftlichen Großwetterlage. Sind Aktien gerade teuer, bekomme ich für mein Geld wenige, sind sie gerade billig, bekomme ich viele. Das bewahrt mich zusätzlich zu meinem System vor emotionalen Anwandlungen, die mich am Ende teuer zu stehen kommen könnten. Das Ziel meiner Aktieninvestitionen besteht darin, ein gut gestreutes Portfolio von Aktien zu besitzen, das mir ein passives Einkommen durch Dividenden sichert.

Es gibt wesentlich einfachere Systeme als meines, die sich trotzdem bewährt haben. Trittbrettfahren zum Beispiel. Die Methode ist nicht besonders kreativ, aber ziemlich effizient. Ihr sucht euch im Internet die erfolgreichsten Investoren und Fondsmanager und informiert euch darüber, welche Aktien sie kaufen. Die Großanleger sind verpflichtet, ihre Investments zu nennen. Auf diese Art profitiert ihr von den aufwendigen Recherchen der Profis und bleibt dabei unabhängig. Auch Warren Buffetts Investmentgesellschaft *Berkshire Hathaway* muss den Großteil der Aktien angeben, in die sie investiert.

Ein anderes System heißt „Sell in Summer". Dabei kauft ihr Aktien am ersten Handelstag des Oktober und verkauft sie am letzten Handelstag des Juli. Wer 1988 umgerechnet 50.000 Euro investierte und diese einfache Strategie durchhielt, war einer Berechnung zufolge bei durchschnittlich mehr als 18 Prozent Rendite bereits 2005 Millionär.

Das hat einen einfachen Grund. Die Schwankungen an den Aktienmärkten verursachen weniger die Privatanleger als vielmehr institutionelle Investoren wie Fonds, Pensionskassen und Versicherungen. Zu Beginn des Jahres kaufen sie besonders aggressiv und mit viel Risiko. Im Verlauf des Jahres werden sie konservativer. Die Kurse sinken. Im Sommer sonnen sich die Börsianer überhaupt lieber auf den Balearen, statt vor ihren Computern zu schwitzen. Die Umsätze sind dünn.

Erst ab dem Herbst investieren die Profis wieder mehr, weil sie zum Jahresabschluss gerne Aktien vorweisen, die das Jahr über gut gelaufen sind. Auf diese Weise schönen sie ihre Statistik, prahlen mit den Erfolgen, werben für ihren Fonds und treiben im Spätherbst die Kurse in die Höhe.

> *Welches System ihr wählt, ist nicht so bedeutend.*
> *Hauptsache, ihr wählt eines.*

Vor einigen Jahren besuchte ich ein Börsenseminar, das ein völlig ahnungsloser selbst ernannter Experte hielt. Ein paar Mal musste ich ihm erklären, wie die Dinge in der Praxis wirklich funktionieren. Einige Teilnehmer kannten ihn schon länger. Obwohl er offensichtlich ein Dilettant war, schworen sie auf ihn. Seine Anleger fuhren sogar mit seinem schlechten System besser, als wenn sie ganz ohne System investiert hätten.

> *Egal, wie schlecht ein System ist, es hält euch von emotionalen Dummheiten ab. Die bestehen meist darin, am Höhepunkt zu kaufen und am Tiefpunkt zu verkaufen.*

Aktien intelligent zu kaufen bedeutet Arbeit, egal, ob ihr euch der Chart- oder der Fundamentalanalyse bedient. Ein paar Dinge können euch eure Kaufentscheidung erleichtern.

Erstens. Häufige Managerwechsel sind ein Warnsignal. Die Aktien der früheren Börsestars *General Electric* und der *Citibank* gerieten ins Trudeln, als sich die Chefs gegenseitig in kurzen Abständen die Klinke in die Hand gaben. *Coca-Cola* ist ein Beispiel für eine stabile Führung.

Zweitens. Verkauft das Management Aktien in großem Stil, was die Firmen auf ihrer Internetseite bekannt geben müssen, kann das ebenfalls ein schlechtes Zeichen sein. Die Manager sind näher als ihr an den wichtigen Informationen und wissen in der Regel, was sie mit ihrem eigenen Geld tun.

Drittens. Wer auf lange Sicht erfolgreich investieren will, muss sich auch die langfristige Entwicklung eines Unternehmens ansehen, also die vergangenen fünf oder zehn Jahre. Es ist immer interessant, ob die Gewinne kontinuierlich gesprudelt sind oder ob es Zeiten mit Verlusten gab. Aufschlussreich ist auch, wie sich das Unternehmen in Wirtschaftskrisen gehalten hat.

Viertens. Wenn das Management die Aktionärsrechte mit Füßen tritt, solltet ihr ebenfalls gewarnt sein. Wenn Firmen etwa ihre Hauptversammlungen auf den Kanalinseln durchführen, solltet ihr euer Geld lieber anderswo investieren.

Fünftens. Lasst euch nicht zum Kauf von *Pennystocks* verleiten. Das sind Aktien mit Kursen unter einem Euro und teilweise sogar unter zwanzig Cent. Hände weg. Mit Pennystocks wird viel betrogen, die Kurse sind manipuliert und die Transaktionsspesen fallen im Verhältnis oft sehr hoch aus.

Sechstens. Kauft die Aktien über einen Discountbroker. Die sind besonders günstig. In Deutschland haben sich etwa die *Comdirect*-Bank oder *Cortal Consors* auf dieses Geschäft spezialisiert, in Österreich *direktanlage.at*.

Discountbroker nerven nicht mit unnützen Ratschlägen und sind zudem billiger. Geldanlagezeitschriften testen die Anbieter regelmäßig. Auch im Internet gibt es Vergleiche. Seht euch vor allem die Kosten für eine Order an. Die Broker verrechnen Mindestgebühren, die bei kleinen Ordern stark ins Gewicht fallen. Kauft bei einem deutschen Broker nur deutsche Aktien, ausländische Papiere jeweils bei einem Broker aus dem gleichen Land. Das ist fast immer billiger.

Thema zwei

anleihen

Wenn ihr eine Anleihe kauft, borgt ihr einem Staat oder einem Unternehmen für eine bestimmte Laufzeit zu einer bestimmten Verzinsung Geld. Euer Schuldner, der „Emittent" der Anleihe, zahlt euch jährlich Zinsen und am Ende der Laufzeit bekommt ihr euer Kapital zurück.

> *Die entscheidende Frage bei einer Anleihe ist, ob ein Schuldner vertrauenswürdig ist. Je weniger er es ist, desto höhere Zinsen muss er für die von ihm begebene Anleihe zahlen.*

Ich erinnere mich an einen Fall, bei dem ein bayerisches Solarunternehmen eine Anleihe aufgelegt hat. Die Firma hatte schwere Zeiten hinter sich und war bereits hoch verschuldet. Der frühere Vorstand war wegen zweifelhafter Bilanzen abgelöst worden. Um trotzdem Interessenten für die Anleihe zu finden, musste das Unternehmen bei einer mittleren Laufzeit von fünf Jahren 8 Prozent Zinsen anbieten. Die Zinsen für deutsche Staatsanleihen lagen zur gleichen Zeit bei 2,5 Prozent.

Wer Anleihen des Solarunternehmens im Wert von 10.000 Euro kaufte, bekam fünf Mal 800 Euro heraus und nach fünf Jahren sein eingesetztes Kapital zurück. In Summe wurden in diesen fünf Jahren aus den 10.000 Euro 14.000. Wer in die sichere deutsche Staatsanleihe investierte, machte aus 10.000 Euro im gleichen Zeitraum nur 11.250.

Für Anleger bestand bei dem Solarunternehmen allerdings das Risiko, dass es das Unternehmen in fünf Jahren nicht mehr geben würde. Bei einer Firmenpleite bekommen Käufer von Anleihen ihr Geld zwar noch vor den Aktionären, aber nur, wenn überhaupt Geld da ist.

Die Vertrauenswürdigkeit von Staaten und Firmen bewerten Ratingagenturen. Für höchste Vertrauenswürdigkeit vergeben sie ein AAA. Mit den Klassen AA+ und AA über BBB bis D sagen sie, dass und wie viel Vorsicht geboten ist. Als die Agenturen *Standard & Poor's* und *Moody's* im Sommer 2011 das Rating der USA von AAA auf AA+ herabsetzten, erklärten sie damit, dass die Vertrauenswürdigkeit der USA als Schuldner gesunken ist. Die Gründe dafür waren die hohe Verschuldung, die das Land zu diesem Zeitpunkt hatte, sowie der politische Zirkus in Washington um dieses Thema. Die Vertrauenswürdigkeit der Ratingagenturen selbst ist allerdings auch begrenzt. Die drei großen Agenturen, zu denen neben den beiden genannten auch noch *Fitch* gehört, haben ihren Sitz in den Vereinigten Staaten und blicken aus ihrem Elfenbeinturm auf den Rest der Welt herab. Wären sie so souverän, wie sie sich geben, hätten sie die jüngste Finanzkrise vorausgesehen. Stattdessen wurden sie von ihr genauso überrascht wie der Rest der Welt.

Als der Energiehändler *Enron* Ende 2001 spektakulär pleiteging, zeigten die Ratingagenturen ebenfalls ihre Schwächen. Die Spezialisten von *Standard & Poor's* und *Moody's* bescheinigten dem Unternehmen noch wenige Wochen vor seinem endgültigen Aus eine vorzügliche Bonität. Aktionäre und Besitzer von *Enron*-Anleihen, die den Agenturen vertraut hatten, verloren ihr Geld.

Ihr könnt euch selbst ein Bild von der Vertrauenswürdigkeit eines Anleihen-Emittenten machen. Liegt bei einem Staat die Jugendarbeitslosigkeit weit über dem Schnitt, kann das wie gesagt ein Signal dafür sein, dass etwas in seiner Volkswirtschaft schiefläuft. Die Vertrauenswürdigkeit einer Firma bewertet ihr nach ähnlichen Kriterien wie vor dem Kauf ihrer Aktien. Bei Anleihen geht es allerdings weniger um das Wachstumspotenzial als um die Substanz, die sichert, dass die Firma das Geld zurückzahlen kann.

Ihr könnt Anleihen genau wie Aktien über eure Bank oder über euren Discountbroker ordern. Deutsche Staatsanleihen kauft ihr am besten bei der deutschen Finanzagentur. Dort könnt ihr ein sogenanntes Schuldbuchkonto eröffnen. Der Kauf und die Aufbewahrung eurer Staatsanleihen kostet in diesem Fall nichts.

Es gibt einen eigenen Markt für Anleihen, den sogenannten Rentenmarkt. Anleihen notieren dort nicht wie Aktien in Euro- oder Dollarkursen, sondern mit einem Wert, der in Prozent den Auf- oder Abschlag gegenüber dem Ausgabepreis der Anleihe angibt. Notiert eine Anleihe am Rentenmarkt mit 110 Prozent, heißt das, dass ihr sie zum einstigen Ausgabepreis plus zehn Prozent kaufen könnt. Zahlt der Emittent zehn Prozent Zinsen, kassiert ihr in diesem Fall nicht die zehn, sondern nur neun Prozent. Zur Berechnung der Zinsen findet ihr im Internet Renditenrechner.

Das Wachstumspotenzial eures Geldes ist bei Anleihen gering. Wenn ihr sie bis zum Schluss haltet, bekommt ihr eure Zinsen und, falls die Firma nicht inzwischen pleite ist, euer Geld zurück. Wenn ihr die Anleihe während ihrer Laufzeit verkaufen wollt, seid ihr von der allgemeinen Zinsentwicklung abhängig. Sind die Zinsen gerade hoch, ist eure Anleihe womöglich weniger wert als bei ihrer Ausgabe. Wenn die Banken schon 4 Prozent Zinsen für jedes bessere Girokonto zahlen, sind Anleihen mit 2,5 Prozent Verzinsung logischerweise ein Ladenhüter. Ist das Zinsniveau gerade niedrig, könnt ihr gewinnen.

Hier einige Tipps für den Kauf von Anleihen.

Erstens. Anleihen in Zeiten eines niedrigen allgemeinen Zinsniveaus zu zeichnen ist immer gefährlich. Das Zinsniveau wird mit hoher Wahrscheinlichkeit wieder steigen und eure Anleihen damit entwerten. Umgekehrt ist es vernünftig, Anleihen bei hohem allgemeinem Zinsniveau zu zeichnen.

Sobald es fällt, was es wahrscheinlich wieder tun wird, steigt der Wert eurer Anleihen.

Zweitens. In Krisenzeiten können riskante Anleihen ein gutes Geschäft sein.

Wenn das Vertrauen der Anleger fehlt, müssen selbst etablierte Firmen hohe Zinsen für Anleihen bieten.

2008 und 2009 zahlten große Konzerne wie *BMW* sieben bis acht Prozent Zinsen. Ein halbes Jahr später haben die gleichen Konzerne wieder Anleihen mit vier bis fünf Prozent Verzinsung begeben. Ihre älteren, hoch verzinsten Anleihen stiegen damit drastisch im Wert. In der Finanzkrise waren etwa auch Anleihen österreichischer Banken kurzfristig ein echtes Schnäppchen. Der US-Ökonom Paul Krugman warnte im Frühjahr 2009 vor einem Staatsbankrott Österreichs. Die österreichischen Banken hätten sich zu stark in Osteuropa engagiert, wo viele Kreditnehmer nicht mehr zahlungsfähig seien, meinte er. Krugman lehrt Volkswirtschaftslehre an der renommierten Princeton Universität, ist Nobelpreisträger für Wirtschaftswissenschaften und schreibt eine Kolumne in der *New York Times*. Deshalb hat sein Wort Gewicht. Trotzdem irrte er in diesem Fall. Die Republik Österreich stützte die Banken. Wer allerdings nach der Warnung von Krugman in österreichische Bankenanleihen investierte, machte ein gutes Geschäft. Denn direkt nach Krugmans Hiobsbotschaft stürzten die Kurse ab, um anschließend wieder deutlich zu steigen.

Ich selbst habe russische Staatsanleihen gekauft, als sie niemand wollte. In der Russlandkrise 1998 fiel der Rubelkurs stark und die russische Regierung versuchte panisch, durch neue Kredite Löcher im Budget zu stopfen. Russland war kurzfristig pleite. Ich schätzte Russland als viel zu wichtig ein, als dass die Staatengemeinschaft die einstige Großmacht aufgeben würde. Wenig später sagte der Internationale Währungsfonds tatsächlich Kredite zu und erstellte einen Finanzplan für Russland. Die Kurse meiner Russlandanleihen schossen in die Höhe. Wenige Jahre später hatte Russland alle Auslandsschulden zurückgezahlt.

Das Gleiche gilt umgekehrt: Riskante Anleihen sind in wirtschaftlichen Boomzeiten meist ein schlechtes Geschäft. Selbst professionelle Anleger unterschätzen das Risiko in solchen Phasen. Auch riskante Anleihen sind dann am Markt teuer. Sobald Risiko im nächsten Abschwung wieder realistisch eingeschätzt oder sogar überbewertet wird, verlieren sie drastisch an Wert.

Drittens. In wirtschaftlichen Boomzeiten solltet ihr nur Anleihen von Emittenten mit guter Bonität kaufen, etwa deutsche oder schweizerische Staatsanleihen. Sie sind ein gutes Geschäft, sobald die Zinsen im nächsten Abschwung sinken und alle nach Sicherheit rufen. Dann könnt ihr sie mit ansehnlichen Aufschlägen zum Ausgabepreis verkaufen.

Umgekehrt solltet ihr riskante Anleihen von wackeligen Staaten oder Fluglinien nur in wirtschaftlichen Krisenzeiten kaufen. Wenn alle Angst vor dem Risiko haben, wird es überbewertet. Solche Anleihen haben dann oft Junk-Status und ihr bekommt sie extrem billig. Wenn in der nächsten guten Konjunktur die Risikofreude des Marktes wieder steigt, könnt ihr sie mit sattem Gewinn verkaufen. Beispiel: Eine Anleihe wird mit 8 Prozent Zinsen ausgegeben. Schätzen die Anleger das Risiko, dass die Firma oder der Staat pleitegehen, extrem hoch ein, kann der Kurs der Anleihe um die Hälfte fallen. Wenn ihr sie dann kauft, bekommt ihr nicht 8 sondern 16 Prozent Zinsen und, wenn die Firma oder der Staat die Anleihe doch zurückzahlen, das Doppelte eures Kapitals zurück.

Viertens. Staatsanleihen waren noch nie ganz sicher. Die internationale Staatengemeinschaft lässt einen Staat in Turbulenzen zwar nicht so leicht fallen, wie die Rettung Russlands oder die Schaffung des Euro-Rettungsschirmes bewiesen haben. Risikofrei sind Staatsanleihen aber auch nicht. Vor der Finanzkrise hätten es Zeichner von Griechenland-Aktien kaum für möglich gehalten, dass Griechenland einfach pleitegehen könnte. Auch dass Spanien, Deutschland und Österreich in ihrer Geschichte schon mehrfach pleite waren, wird oft verdrängt.

Fünftens. Anleihen sind nicht vor der Inflation geschützt, es sei denn, es handelt sich um seltene Spezialprodukte, wie *Inflation Linked Bonds*, die genau darauf ausgerichtet sind. Vier Prozent jährliche Rendite bringen nichts, wenn die Inflation sechs Prozent ausmacht. Trotz der Zinsen verliert ihr in diesem Fall Jahr für Jahr mit Sicherheit einen Teil eures Vermögens.

Wenn gerade eine Geldentwertung droht, ist der Zeitpunkt für den Kauf von Anleihen ungünstig.

Sechstens. Kauft keine sogenannten Nullkuponanleihen. Bei solchen Anleihen zahlt der Emittent keine laufenden Zinsen, sondern er leiht sich zum Beispiel 1.000 Euro bei euch aus und verspricht, am Ende der Laufzeit 1.800 zurückzugeben. Zu diesem Mittel greifen oft Firmen in Not, die sich laufende Zinszahlungen nicht leisten können. Geht so ein Anleihenemittent pleite, verliert ihr mit einer Nullkuponanleihe alles. Bei einer normalen Anleihe habt ihr zumindest für eine Weile Zinsen kassiert.

Siebtens. Vorsichtig mit sogenannten nachrangigen Anleihen. Wenn eine Firma pleitegeht, bekommen zuerst alle anderen Gläubiger und dann erst die Zeichner solcher Anleihen Geld. Meistens ist für sie nichts mehr übrig.

Achtens. Achtet auf das Kleingedruckte im Anleiheprospekt. Dort kann zum Beispiel stehen, dass der Emittent die Anleihe zu jedem von ihm gewünschten Zeitpunkt zurückkaufen kann oder dass er eure Anleihen ohne euer Einverständnis in Aktien umwandeln kann. Ihr müsst überlegen, ob das mit euren Investitionszielen vereinbar wäre.

Thema drei

fonds

Investmentfonds sammeln Geld von Anlegern und investieren es nach vorher festgelegten Prinzipien. Dafür verrechnen sie Anlegern Gebühren und Abgaben und behalten einen Teil ihres Gewinns. Es gibt zwei Arten von Fonds.

Erstens. Offene Fonds. Weltweit liegen mehr als 15.000 Milliarden Dollar in offenen Fonds. Ihrer Themenwahl sind keine Grenzen gesetzt. Manche investieren nur in Aktien und lassen sich nach Regionen oder Branchen, auf die sie sich konzentrieren, unterscheiden. Andere Fonds investieren nur in Anleihen und wieder andere sowohl in Aktien als auch in Anleihen. Immobilienfonds investieren ausschließlich in

Häuser, Wohnungen und Gewerbeimmobilien. Dachfonds sammeln Geld, um es in andere Fonds zu stecken, die es dann weiter investieren.

Beteiligt ihr euch mit 1.000 Euro an einem offenen Fonds, der in Aktien großer deutscher Unternehmen investiert und 3,6 Prozent an *Siemens*, 6 Prozent an *BMW* und 4 Prozent an der *Deutschen Bank* hält, habt ihr indirekt 36 Euro in *Siemens* investiert, 60 in *BMW*, 40 in die *Deutsche Bank* und 864 in Papiere, die der Fonds außerdem noch hält.

Ihr verdient durch die Wertsteigerung eures Anteils und durch die Beteiligung an der Ausschüttung von Renditen, die der Fonds erwirtschaftet. Es gibt auch sogenannte thesaurierende Fonds, die euren Gewinn gleich wieder investieren.

Zweitens. Geschlossene Fonds. Sie sammeln während einer festgelegten Frist Kapital und werden dann „geschlossen". Von da an verkauft der Fonds keine Anteile mehr und investiert das Kapital zum Beispiel in Containerschiffe, Windräder oder Start-ups. Meist wird ein Zeitpunkt festgelegt, zu dem die Investments wieder zu Geld gemacht und die Gewinne realisiert werden.

Bis dahin lassen sich Anteile an geschlossenen Fonds in den meisten Fällen nur auf einer Art „Gebrauchtmarkt" handeln. Dort sehen sich Käufer um, die während der vorgesehenen Frist nicht einsteigen wollten und es sich anders überlegt haben. Sie machen oft das bessere Geschäft. Denn zu diesem Zeitpunkt zeigt sich oft schon, wie der Fonds läuft, ob sich etwa die weltweite Konjunktur so gut entwickelt, dass weitere Containerschiffe profitabel auf den Weltmeeren kreuzen können, oder ob der Boom von grünen Energieerzeugern wie Windrädern nach der Reaktorkatastrophe in Japan weiter anhält.

Außerdem verkaufen auf diesem Markt viele Anleger, weil sie dringend Geld brauchen. Die meisten geschlossenen Fonds nehmen ihre Anteile gar nicht zurück und wenn doch, dann nur mit sehr hohen Abschlägen.

Die Idee hinter Investmentfonds war, dass Anleger gemeinsam mehr erreichen. Sie kam Mitte des 19. Jahrhunderts auf, als die Vereinigten Staaten enorme Mittel für den Wiederaufbau nach dem Bürgerkrieg brauchten. Das Geld war knapp und die Zinsen waren hoch. In Europa gab es genug Geld, doch europäische Investoren taten sich schwer damit, die Bonität eines Schuldners so fern der Heimat zu beurteilen. Die Schotten hatten die Idee, Geld zusammenzulegen und auf viele verschiedene Schuldner zu verteilen, um das Ausfallrisiko zu streuen. 1868 entstand so als erster Fonds der Welt der *Foreign & Colonial Government Trust*, den es noch immer gibt. Der erste amerikanische Fonds entstand erst in den Zwanzigerjahren.

Die ursprünglichen Gründe, in Fonds zu investieren, gibt es nicht mehr. Sinnvoll sind sie nur noch in zwei Fällen.

Erstens. Wenn ihr unbedingt in einen bestimmten Bereich investieren wollt, aber zu wenig Know-how habt und zu wenig Zeit, es euch anzueignen. Glaubt ihr nach einer Vietnamreise, dass die dortige Wirtschaft boomen wird, könnt ihr euer Geld in einen der vielen Vietnam-Fonds stecken. Deren Manager sind auf das Land spezialisiert.

Zweitens. Fonds sind auch dann sinnvoll, wenn ihr zu wenig Kapital einsetzt, um euer Risiko zu streuen. Tausend Euro könnt ihr selbst nicht auf die Aktien von 15 verschiedenen Firmen verteilen. Steckt ihr die tausend Euro in einen breit gestreuten Aktienfonds, tut er das für euch.

Fonds haben allerdings einige gravierende Nachteile.

Erstens. Fondsmanager trauen sich nicht viel. Ich denke immer an Kai Bogers, den ich in Harvard kennengelernt habe. Er gehörte wie ich zu den wenigen Ausländern dort. Wir trafen uns während unserer Studienzeit unregelmäßig und waren gelegentlich miteinander in Neuengland unterwegs. Danach trennten sich unsere Wege. Ich ging an die Wall Street, Bogers zurück nach Deutschland, um für einen Fonds bei einer Gesellschaft in Frankfurt zu arbeiten.

Wenn wir uns heute auf einen Drink am Main verabreden, erschrecke ich immer. Bogers hat mit Erfolg an einer der besten Universitäten der Welt studiert, um nun in einem goldenen Käfig zu arbeiten. Als Fondsmanager hat er kaum Handlungsspielräume. Er muss sich an so viele Auflagen halten, dass es an ein Wunder grenzt, wenn er dabei den Überblick behält und noch Geld verdient. Sein Arbeitgeber schreibt ihm genauestens vor, worin er das Geld investieren darf oder nicht, welches Risikomodell er wählen muss, welches Rating er erzielen muss und wie viele verschiedene Werte er halten muss. Behörden und die Finanzaufsicht tun das ebenfalls und der Gesetzgeber will auch noch mitreden.

Der Verwaltungsirrsinn treibt die buntesten Blüten. So dürfen die meisten Aktienfonds im Gegensatz zu Privatanlegern nicht auf fallende Kurse setzen. In manchen Ländern ist es Fondsmanagern verboten, mehr als eine kleine Summe in bar zu halten. Das klingt vernünftig, weil Anleger ihr Geld investiert und nicht herumliegen sehen wollen. In der Praxis ist es Unfug. Während alle anderen Anleger in Krisenzeiten Geld bunkern, bis wieder eine gute Chance kommt, müssen Fondsmanager auch dann anlegen, wenn sie nur verlieren können.

Das größte Problem der Fondsmanager ist die Furcht, gegen eine der Hunderten Regeln zu verstoßen. Dann droht ihnen im schlimmsten Fall eine Gefängnisstrafe. Nach einigen Jahren im Job hat Bogers eine Lösung dieses Dilemmas gefunden, der sich auch die meisten seiner Kollegen bedienen. Er läuft mit der Masse und meidet Risiko. Im Zweifelsfall entscheidet er sich für die lahmere Alternative. Auf die Art kann er sich notfalls auf die Wirtschaftslage ausreden. „Schaut euch die anderen an", sagt Bogers seinen Investoren dann, „die haben es auch nicht besser hingekriegt."

> *Für Fondsmanager gilt ein Satz, den der englische Ökonom John Maynard Keynes einmal geprägt hat: „Es ist für das Ansehen besser, konventionell zu scheitern, als unkonventionell recht zu behalten."*

Zweitens. Vier von fünf Fonds entwickeln sich aus den oben genannten Gründen nicht besser als der Marktdurchschnitt, trotzdem kassieren sie von euch hohe Gebühren. Sie verlangen einen Ausgabeaufschlag, der bis zu 5 Prozent eures eingesetzten Kapitals ausmachen kann. Dazu kommen Vertriebsgebühren (1 bis 5 Prozent), Konzeptions- und Marketinggebühren (bis zu 3 Prozent), Managementgebühren (0,5 bis 2 Prozent pro Jahr), ein Anteil am Gewinn (bis zu 20 Prozent) und eine Depotgebühr für die Bank (sie kann 0,1 oder 0,2 Prozent im Jahr ausmachen). Außerdem verrechnen euch die Fonds alle durch gesetzliche Auflagen verursachten Kosten, etwa für Wirtschaftsprüfer, Mittelverwendungskontrolleure, Steuerberater oder Fondsbeiräte, und die werden jedes Jahr mehr. Bei einem kleinen Fonds kann das ebenfalls jährlich 0,5 bis 1 Prozent eures eingesetzten Kapitals ausmachen. Je größer ein Fonds ist, desto geringer fallen diese Kosten aus, weil es fixe Kosten sind.

Einige Dinge solltet ihr beim Kauf von Fondsanteilen berücksichtigen.

Erstens. Der Einstiegszeitpunkt ist bei Fonds genauso wichtig wie bei Aktien. Angenommen ihr investiert in einen geschlossenen Fonds, der mit eurem Geld ein Containerschiff kauft. Tut er es in einer wirtschaftlichen Boomzeit, kauft der Fonds das Schiff zu teuer, weil zu diesem Zeitpunkt viel transportiert wird, die Schiffe ausgelastet sind und die Werften mit dem Bau gar nicht nachkommen. Verkauft der Fonds das Schiff am Ende der Laufzeit des Fonds während einer wirtschaftlichen Flaute, in der es nichts zu verschiffen gibt, verliert er und ihr mit ihm. Genauso verhält es sich etwa bei einem offenen Fonds, der mit eurem Geld Aktien kauft. Kauft er sie im Wirtschaftsboom, sind sie teuer, verkauft er sie im Abschwung, verliert der Fonds wie jeder Privatanleger Geld und ihr ebenso.

> *Auch Anleger bei sehr guten Fonds verlieren über die Jahre Geld, wenn sie zum falschen Zeitpunkt ein- und aussteigen.*

Zweitens. Bei einem Fonds lohnt sich immer ein Blick in seine Geschichte. Er sollte zumindest zwei Wirtschaftskrisen überstanden haben. Viele Fonds wirtschaften drei, vier oder fünf Jahre lang sehr gut, um dann während der ersten externen Krise zusammenzubrechen. Der erwähnte Fonds *Long-Term Capital Management* etwa erwirtschaftete mit zwei Nobelpreisträgern und einem ehemaligen stellvertretenden Vorstandsvorsitzenden der amerikanischen Zentralbank im Management einige Jahre lang laufend zwanzig und mehr Prozent Rendite, ehe er in der Russlandkrise 1998 kollabierte und damit fast das amerikanische Wirtschaftssystem aus den Angeln hob.

Drittens. Langfristige gute Ratings sind besser als kurzfristige exzellente. Es reicht, wenn ein Fonds über eine lange Zeit, also über mehr als zehn Jahre, von den Agenturen einigermaßen gut bewertet wurde. Die Bewertungen müssen nicht sensationell gewesen sein. Wichtiger ist, dass die guten Ratings von verschiedenen Agenturen kamen. Manche Fonds paktieren mit einzelnen Agenturen, andere werden aus anderen Gründen gehypt.

Viertens. Hände weg von sogenannten *Madoff*-Charts. Sie sind nach dem Großbetrüger Bernard Madoff benannt, der seine Anleger um Milliarden betrog, ehe sein System zusammenbrach. Erkennbar sind Madoff-Charts an einer kontinuierlichen Wertsteigerung ohne nennenswerte Abstürze, kombiniert mit einer überdurchschnittlichen Rendite. So etwas gibt es am Finanzmarkt kaum. Wenn etwas so gut aussieht, ist meistens ein Wurm drin.

Fünftens. Die Investmentstrategie eines Fonds sollte klar und nachvollziehbar sein. Ein Schiffsfonds kauft Schiffe, ein Aktienfonds Aktien. Fonds, in denen die Dinge vermischt werden, sind uninteressant, besonders dann, wenn sie auch noch Garantien bieten. Die Gebühren sind dann meist hoch, das Risiko ist nicht abschätzbar und ihr wisst nie, wann der richtige Zeitpunkt für den Ausstieg gekommen ist. Hände weg von Garantiefonds, Dachfonds und Zertifikaten. Sie bauen undurchschaubare Strukturen und ganze Gebührenpyramiden auf.

> *Was ihr nicht versteht und mit komplizierten mathematischen Formeln dargestellt werden muss, ist immer ein schlechtes Investment.*

Sechstens. Lest das Fondsprospekt. Darin stehen die Risikohinweise, die Höhe der Gebühren, die für eure Anteile geltenden

Verkaufsmöglichkeiten, die Rücknahmebedingungen durch den Fonds selbst und natürlich seine Investitionsstrategie. Besonders die Risikohinweise sind heikel. Dort kann eine Nachschusspflicht festgehalten sein. Das heißt, dass ihr unter bestimmten wirtschaftlichen Gegebenheiten weiteres Geld in den Fonds einzahlen müsst. Besonders bei kleinen Immobilienfonds kann es vorkommen. Bei den Risikohinweisen können auch Haftungen für Kredite des Fonds stehen, die ihr beim Kauf von Anteilen übernehmt. Zögert der Verkäufer, das Prospekt herauszurücken, solltet ihr auf keinen Fall einsteigen, er ist schließlich dazu verpflichtet.

ABENDESSEN
vier

Thema eins

immobilien

Das kleine Städtchen Deutsch-Wagram im Norden Wiens hat 7.741 Einwohner und drei Museen – eines für Heimatkunde, eines für die Eisenbahn und eines ist Napoleon Bonaparte gewidmet. Erwähnenswert ist noch die Schnellbahnverbindung, die rasch aus dieser Trostlosigkeit führt.

Mein Freund Helmut Stibernitz zieht trotzdem mit seiner Frau dorthin. Für ihn ist es die Krönung seines bisherigen Lebens. Nach einem Kunstgeschichtestudium war sein Karrierestart schwierig. Am Ende einer Durststrecke schaffte er es in die Kommunikationsabteilung eines Mobiltelefonanbieters. Ein halbes Jahr später kaufte er mit einem Kredit das Haus mit Garten. Von nun an wird es sein Leben bestimmen. 27 Jahre lang wird er es abbezahlen. Jetzt ist er 33, die letzte Rate wird er mit 60 zahlen. Bei Reisen und anderen schönen Dingen des Lebens wird er sparen müssen. Auf eine vernünftige Geldanlage wird er verzichten und bei Notfällen wird er nicht flüssig sein.

Dabei wird das Haus nie richtig zu seiner Lebenssituation passen. Mit seiner Frau allein braucht er nicht so viel Platz. Kommen die geplanten drei Kinder, wird es spätestens dann eng, wenn jedes ein eigenes Zimmer braucht. Sobald die Kinder ausziehen, sitzt er mit seiner Frau wieder in leeren Hallen. Vorausgesetzt, dass sich die beiden nicht scheiden lassen. In dem Fall würde das Haus zum Mühlstein. Ebenso, wenn seine Karriere einen Ortswechsel erfordert.

Irgendwann machen sich die meisten von euch mit der Familienplanung im Hinterkopf und getrieben vom Wunsch nach einem Nest für eure Liebsten auf die Suche nach dem trauten Eigenheim. Ökonomische Vernunft findet ihr dann unromantisch. Für euch sind Immobilien kein Investment, sondern ein Ausgabenposten. 58 Prozent der Österreicher und 43 Prozent der Deutschen wohnen im eigenen Heim und viele von ihnen haben bei dessen Bezug ihr Leben und ihre Freiheit an die Banken verpfändet.

> *In einem auf Pump gekauften Eigenheim zu wohnen lohnt sich nur, wenn die Kreditrate niedriger als die Nettomiete ist, die für dasselbe Objekt zu bezahlen wäre. Das ist fast nie der Fall. Deshalb gilt: Wohnen zur Miete und kaufen nur als Anlage.*

Ich werde nie in einer Immobilie leben, die mir gehört. Ich werde mein Privatdomizil nach meinen jeweiligen persönlichen Bedürfnissen in Sachen Größe, Lage und Ausstattung mieten. Gleichzeitig werde ich immer weiter Immobilien kaufen und vermieten. Wenn ich vierzig bin, werden meine Mieter die ersten meiner Wohnungen abbezahlt haben. Je älter ich werde, desto mehr Mieter werden zu meinem Lebensunterhalt beitragen. Ein schöner Gedanke.

Wohnungen zu kaufen und zu vermieten hat einige entscheidende Vorteile.

Erstens. In vielen deutschen Städten können Immobilieninvestments bei guten Branchenkenntnissen noch ein richtig lukratives Geschäft sein. Vor einigen Jahren verkaufte ein Frankfurter Arzt, den ich manchmal aufsuche, zwei Wohnungen. Beide lagen im Frankfurter Nordend nahe der Innenstadt in hübschen gepflegten Gründerzeithäusern mit bester Bausubstanz. Der Arzt hätte die Wohnungen selbst gerne behalten, doch er brauchte das Geld für eine Firmengründung mit Kollegen. Ich habe ihm gerne geholfen.

Im Schnitt habe ich 1.700 Euro pro Quadratmeter bezahlt. Aus heutiger Sicht war es ein fantastisches Geschäft. Ich habe damals unter dem Marktpreis bezahlt und der Markt ist seither kräftig gestiegen. Nach nur vier Jahren bekäme ich 2.700 bis 2.800 Euro für den Quadratmeter.

In diesen vier Jahren sind auch die Mieten gestiegen und mit ihnen meine Mietrendite. Bei diesen beiden Wohnungen sind das etwa acht Prozent. Wenn die Altmieter ausgezogen sind und ich zu besseren Konditionen vermieten kann, steigt sie auf zehn.

Die Mietrendite ist die Jahresnettomiete dividiert durch den Kaufpreis. Die Nettomiete ist in Deutschland die monatliche Mieteinnahme abzüglich der vom Mieter monatlich zu leistenden Vorauszahlung auf die Betriebskosten. In Österreich müsst ihr auch noch die Umsatzsteuer abziehen.

Bei einer Wohnung, die 100.000 Euro gekostet hat und 500 Euro Nettomiete im Monat bringt, ist die Rendite 6.000 dividiert durch 100.000. Das ergibt 0,06, was 6 Prozent Rendite bedeutet.

> *Die meisten Vermögenden haben ihr Geld mit Immobilien gemacht oder besitzen welche.*

Zweitens. Immobilien schützen vor emotionalen Kurzschlusshandlungen. Wenn sich ein Aktienbesitzer einbildet, unbedingt einen neuen Ferrari haben zu müssen, verkauft er einfach seine Aktien und geht zum Händler. Bei einer Immobilie geht das nicht. Bis ihr einen Makler gefunden, die Immobilie inseriert und die ersten Besichtigungstermine vereinbart habt, sind eure Emotionen vielleicht schon wieder verflogen.

Drittens. Beim Kauf einer Anlagewohnung könnt ihr nach ökonomischen Gesichtspunkten statt nach persönlichen Vorlieben handeln.

> *Kleine Wohnungen in zentraler Lage prosperierender Städte werden immer gefragt sein. Wohnungen und Häuser in der Peripherie, die ihr privat bevorzugen würdet, sind fast immer ein schlechtes Geschäft.*

Die Banken, die ihr beim Wohnungskauf genau wie bei Unternehmensgründungen als Partner betrachten solltet, wissen das. Wenn ihr eine Innenstadtwohnung kauft, akzeptieren sie die Wohnung bei guter Bonität als Sicherheit für 80 bis 85 Prozent des Kaufpreises. Bei einer Wohnung oder einem Haus zur Eigennutzung in der Peripherie wären es nur 50 Prozent, also genauso wenig, als würdet ihr Aktien auf Pump kaufen und als Sicherheit für den Kredit verpfänden wollen.

Es gibt zwei Arten, mit Anlageimmobilien Geld zu verdienen.

Erstens. Verdienen über Mieteinnahmen. Ihr bezahlt den Kaufpreis und bekommt jeden Monat die Miete heraus. Oder ihr bezahlt einen Teil des Kaufpreises, zahlt mit der Miete zuerst die Kreditraten und bekommt sie heraus, wenn der Kredit getilgt ist. Wenn euer Geld für eine ganze Wohnung reicht, könnt ihr immer noch entscheiden, ob ihr tatsächlich eine ganze Wohnung ohne Kredit kaufen oder lieber sechs Wohnungen anzahlen und sie von sechs Mietern abzahlen lassen wollt. Das ist eine Frage eurer Lebensplanung.

Zweitens. Verdienen über die Wertsteigerung. Widmet eine Stadt ein Grundstück, das ihr als Grünland gekauft habt, zu Bauland um oder bekommt ein bereits umgewidmetes Grundstück eine neue Verkehrsverbindung, kann sein Wert sprunghaft steigen. Gute Wertsteigerungen könnt ihr auch erzielen, wenn ihr ein altes Haus kauft und renoviert oder wenn ihr eine Luxuswohnung in einer einmaligen City-Lage kauft. Die Wertentwicklung solcher Luxuswohnungen ist wegen ihrer Seltenheit meist positiv.

Bei Immobilieninvestments, die allein auf Wertsteigerung abzielen, liegen Glück und Leid allerdings nahe beieinander. Eine Umwidmung zum Beispiel kann klappen oder auch nicht. Oft seid ihr von Dingen wie den Ideen eines Stadtplaners abhängig, die ihr nicht beeinflussen könnt.

Immobilieninvestments sind aufwendiger als etwa Aktieninvestments. Ihr müsst für die Instandhaltung sorgen und in die Ausstattung investieren. Ihr müsst euch um die Vermietung kümmern, die Reparaturen organisieren, die Nebenkosten abrechnen und vielleicht fallt ihr auf Mietnomaden herein, die eure Wohnung verwüsten und zum Dank die Miete schuldig bleiben.

Schon der Kauf ist komplizierter. Einen Aktienkauf erledigt ihr über euren Discountbroker binnen Sekunden. Beim Wohnungs- oder Hauskauf müsst ihr Gesetze und behördliche Bestimmungen wie Bauauflagen und die Miethöhe berücksichtigen. Ihr müsst eine Menge Unterlagen lesen, den Kauf selbst von einem Notar beurkunden lassen und am Ende gibt es oft noch Streitereien bei der Übergabe.

Beim Kauf einer Immobilie solltet ihr deshalb planmäßig vorgehen.

Erstens. Wählt wie bei Aktien eine Anlagestrategie. Konzentriert euch zum Beispiel auf Kleinwohnungen, Luxuswohnungen oder Mehrfamilienhäuser.

Ein- bis Zwei-Zimmer-Wohnungen in guten Stadtlagen sind das einfachste Geschäft und eignen sich daher am besten für Einsteiger. Denn es gibt immer genug Menschen, die 300 bis 500 Euro monatlich zahlen können, und sie sind meist nicht besonders anspruchsvoll. Es fließen stetig Einnahmen und der Wert so einer Wohnung wächst bei intelligentem Kauf langsam, aber sicher.

Luxuswohnungen sind schon schwieriger zu handhaben. Mieter, die sich 2.000 Euro im Monat leisten können, sind seltener und anspruchsvoller. Die Straße muss ruhig sein und im Foyer erwarten sie einen schönen Teppich. Noch schwieriger sind Büros. Da geht es zum Beispiel um Klimatisierung und Verkabelung.

In eurer Strategie könnt ihr auch festlegen, ab welcher Mietrendite und bis zu welchem Quadratmeterpreis ihr kauft. Dieser Preis variiert je nach Stadt, Lage und teilweise sogar Straßenzug sowie nach Stockwerk, Alter und Ausstattung der Wohnung. Einen Überblick über die Mietpreise könnt ihr euch im Mietenspiegel verschaffen, den jede Stadt herausgibt, oder ihr vergleicht die Angebote auf Internetseiten wie *Immobilienscout24*.

Zweitens. Wählt den richtigen Zeitpunkt. Während der Eurokrise sind viele Anleger in ihrer Weltuntergangsstimmung aus Aktien geflüchtet und haben Wohnungen gekauft. Die Preise sind gestiegen. Jetzt noch Wohnungen in München oder Hamburg wegen der Mietrendite zu kaufen zahlt sich nicht mehr aus. In diesen Städten baut sich ebenso wie etwa in Wien eine Immobilienblase auf.

> *Eine Immobilienblase entsteht, wenn die Preise immer höher steigen und die Mietrenditen, also die jährlichen Mieteinnahmen in Relation zum Kaufpreis, immer tiefer sinken.*

Eine Blase kündigt sich durch verschiedene Anzeichen an. Beachten sollt ihr die Mietrendite. Wenn sie in mittleren Lagen unter 5 Prozent liegt, lohnt sich der Kauf nicht mehr wirklich.

In mittleren Lagen innerhalb des Gürtels in Wien liegen die Mietrenditen nur noch bei 3 bis 4,5 Prozent. Die Banken geben Käufern bereitwillig Kredite mit variablen Zinsen. Steigen diese Zinsen, wird so ein Immobilienkauf leicht zur Falle. Dann können viele Käufer die Kredite nicht mehr mit ihren Mieteinnahmen decken. Sie müssen rasch verkaufen, viele Immobilien kommen gleichzeitig auf den Markt, die Preise sinken und die Blase platzt.

Ein Indiz ist auch ein Quadratmeterpreis, der deutlich über dem Preis für den Neubau einer Wohnung liegt. Ein durchschnittlicher Neubau kostet je nach Qualität rund 2.000 Euro pro Quadratmeter. Bekommt ihr eine Wohnung in einer wirtschaftlich starken Stadt in einem nicht baufälligen Haus zu diesem Preis, kauft ihr günstig, weil auch das Grundstück, auf dem das Haus steht, einen Wert hat. Wenn der Preis für einen Quadratmeter bei 4.000 oder gar bei 6.000 Euro liegt, kann das ein Anzeichen für eine Blase sein.

Werden in einer Stadt sehr viele teure neue Wohnungen gebaut, kann das ebenfalls ein Anzeichen für eine Überhitzung des Marktes und das Entstehen einer Blase sein. Wenn zu viele Immobilienentwickler auf die hohen Renditen bei Luxuswohnungen setzen, kann das nicht gut gehen. Die Zahl der Reichen wächst nicht so schnell wie die Zahl der passenden Wohnungen für sie.

Spektakulär war dieser Luxusboom in Florida. Bei jedem Aufenthalt dort sah ich neue Luxustürme aus dem Boden wachsen. Jedes Mal fragte ich mich, wer sich das alles leisten können sollte. In der großen amerikanischen Immobilienkrise war dann Florida besonders schwer betroffen.

Blasen erkennt ihr auch daran, dass plötzlich überall Amateure meinen, sie hätten das Immobiliengeschäft durchschaut. Wenn euch ein Taxifahrer auf dem Weg zu einer Immobilienbesichtigung erklärt, wie man Immobilien kauft, beordert ihn am besten sofort zurück zum Bahnhof oder zum Flughafen. In dieser Stadt ist nichts mehr zu holen. Auch Boulevardzeitungen empfehlen gerne dann den Kauf von Immobilien, wenn der beste Zeitpunkt zum Ausstieg gekommen ist.

Drittens. Wählt die richtige Lage. Ich nenne es mein Frankfurter Fitnesstraining, wenn ich die Stadt regelmäßig zu Fuß erkunde. Denn die schönste Mietrendite nützt mir nichts, wenn sie nur auf dem Papier steht und niemand in die Gegend ziehen will. Inzwischen kenne ich Frankfurt besser als die meisten Makler, von denen viele ihre Kunden lieber in repräsentativen Autos herumfahren, als mit Ortskenntnissen zu glänzen.

Die meisten Immobilienprofis meinen, die drei wichtigsten Dinge beim Kauf seien Lage, Lage und Lage. So stimmt das nicht ganz. Die Lage ist wichtig, aber sie muss nicht unbedingt erstklassig sein. Dort sind die Wohnungen teuer und die Mietrenditen entsprechend gering. Außerdem muss die Art der Immobilie zur Lage passen. In der Nähe des Frankfurter Flughafens, wo die Jets lärmen, sind Luxuswohnungen unmöglich an den Mann zu bringen. Billige kleine Wohnungen hingegen sind gerade dort gefragt, denn auf Flughäfen arbeiten viele Menschen mit niedrigen Gehältern, die eine nahe gelegene Unterkunft brauchen. In einem Nobelviertel dagegen ist eine kleine Wohnung in einem schlichten Haus schwer vermietbar. Dort suchen Mieter schöne große Altbauwohnungen.

Wichtig sind auch Infrastruktur wie nahe gelegene Supermärkte, Geschäfte, Restaurants und Anbindungen ans öffentliche Verkehrsnetz, insbesondere an U-Bahnen. Straßenlärm und straßenseitige Erdgeschoßlagen mindern den Wert auch in den besten Gegenden. Das soziale Umfeld spielt ebenfalls eine Rolle. In einem Viertel, in dem ich meine Sportwagen nicht mit gutem Gefühl auf der Straße parken würde, würde ich auch keine Wohnung kaufen.

Manche Städte bieten vielleicht auf dem Papier interessante Mietrenditen, sind für Investments aber trotzdem uninteressant. Vor Kurzem besuchte ich das *With-Full-Force*-Musikfestival in Leipzig. Zuvor hatte ich überlegt, dort Immobilien zu kaufen. Als ich ankam, war ich entsetzt, wie sehr Teile Leipzigs einer Geisterstadt ähneln. Der Flieger, mit dem ich angekommen war, war der einzige am Rollfeld. Im Parkhaus des Flughafens und am Bahnhof herrschte ebenso gähnende Leere. Dafür stieß ich auf zahlreiche Werke von Graffitikünstlern. Die sind für mich immer ein untrügliches Zeichen dafür, in der betreffenden Stadt besser Undergroundpartys zu feiern, als Immobilien zu kaufen. Meine Investitionspläne in Leipzig waren damit gestorben.

Meist reicht ein Wochenendtrip allerdings nicht zur Beurteilung des Immobilienmarktes einer Stadt. Ihr solltet alle möglichen Statistiken und Berichte lesen. Wenn sich dort große Konzerne mit ihren Zentralen niederlassen wollen, neue Industrien geplant sind oder die Stadt massiv in die Infrastruktur investiert, sind die Vorzeichen gut. Das alles schafft Arbeitsplätze und lockt Menschen an, die wohnen müssen. Wenn Firmen abwandern oder Bauprojekte blockiert werden, sind das Warnsignale.

> *Aufschluss über die Qualitäten einer Stadt als Immobilienstandort geben die Internetseiten von Flughäfen und der Bahn. Hat eine Stadt wenige Verbindungen in die Welt, ist das ein untrügliches Zeichen für wirtschaftliche Schwäche.*

Viertens. Sondiert den Markt. Die interessantesten Möglichkeiten ergeben sich oft im Bekanntenkreis. Wenn sich ein befreundetes Paar scheiden lässt, könnt ihr vorsichtig fragen, was die beiden mit ihrer Wohnung vorhaben. Anklopfen könnt ihr auch, wenn jemand in der Nachbarschaft zum Pflegefall wird. Unmoralisch ist das nicht.

> *Wenn jemand schnell und unkompliziert Geld*
> *braucht, ist es etwas wert, wenn jemand anderer*
> *schnell und unkompliziert zahlen kann.*

Am einfachsten findet ihr Immobilien in Tageszeitungen und auf Webseiten. Banken hängen in ihren Filialen aktuelle Angebote aus. Schnäppchen waren früher angeblich vor allem bei Versteigerungen zu finden, deren Termine die Gerichte bekannt geben. Meiner Erfahrung nach läuft dort meist ein abgekartetes Spiel. Die in Not geratenen Alteigentümer bestellen Bekannte hin, die den Preis in die Höhe treiben. Wenn ihr Immobilien aus wirtschaftlichen Zwangssituationen kauft, dann möglichst vor der Versteigerung.

Fünftens. Überprüft euren Makler. Unter den Maklern gibt es wie angedeutet viele Scharlatane, die sich in ihrer eigenen Stadt nicht auskennen und dann bei technischen Details eines Immobilienkaufes ahnungslos sind. Ein guter Makler ist aber Gold wert. Er steht sowohl auf der Seite des Verkäufers als auch auf eurer. Er makelt eben und kann euch gute Objekte unter der Hand geben.

Wenn ihr einen Makler sucht, solltet ihr eure Hausaufgaben schon gemacht haben. Ihr solltet bereits die Stadt, ihre besten Wohngegenden und ihr Mietpreisniveau kennen. Stellt euren Makler mit diesem Wissen auf die Probe. Fragt ihn, wie hoch eure Mieteinnahmen pro Quadratmeter bei einer Wohnung, die er anbietet, sein könnten. Seid ihr auf 14 Euro gekommen, er schwärmt aber von 18 mit Potenzial nach oben, dann lasst ihn stehen. Er will einfach nur verkaufen.

Vorsicht bei Provisionsverhandlungen mit dem Makler. Ich verzichte bei sehr interessanten Objekten manchmal darauf, obwohl ich immer versuche, bei den Nebenkosten eines Immobiliendeals zu sparen. Wenn ihr die Provision des Maklers kürzt, gibt er eine interessante Wohnung vielleicht jemandem, der dem Hauseigentümer weniger Kaufpreis zahlt, aber ihm eine höhere Provision. Mir sind auf diese Art schon einige gute Wohnungen durch die Lappen gegangen. Jetzt spreche ich mit Maklern nur noch über Mengenrabatt, und auch bei großen Objekten sind Nachlässe üblich.

Sechstens. Macht einen Lokalaugenschein. Vor Kurzem habe ich in Wiesbaden eine wunderschöne Wohnung besichtigt. Sie wäre auch noch günstig gewesen. Siebzig Quadratmeter in guter Lage für 90.000 Euro. Als ich in den Keller wollte, meinte der Makler, er habe den Schlüssel vergessen. Die Kellertür war zufällig offen. Die Treppe war morsch. Das ganze Treppenhaus wurde durch verrostete Träger gehalten. Das Gebäude war einsturzgefährdet. Jetzt wusste ich, warum der Makler den Schlüssel vergessen hatte.

Auch wenn ihr nur eine Wohnung in einem Haus kauft, betreffen euch solche Probleme. Denn mit dem Kauf werdet ihr Teil der Eigentümergemeinschaft, und die ist für alle gemeinsam genutzten Bereiche verantwortlich. Über die sogenannte Betriebskostenvorauszahlung teilen sich die Wohnungseigentümer die Kosten für ihre Instandhaltung.

Je älter ein Gebäude ist, desto höher fällt die Betriebskostenvorauszahlung aus. Ist es sehr niedrig, sollte euch das stutzig machen. Es könnte sein, dass die Eigentümergemeinschaft in den vergangenen Jahren zu wenig investiert hat und es demnächst teuer wird.

Der erste Weg beim Lokalaugenschein sollte euch in den Keller führen, der zweite hinter das Haus und der dritte aufs Dach. Das erfordert oft akrobatische Übungen. Feine Schuhe sind da hinderlich, mit meinen Doc Martens bin ich besser ausgerüstet. Im Keller werft einen Blick auf die Heizung. Eine Heizungsanlage hält ungefähr dreißig Jahre, danach muss für viel Geld eine neue her. Ist der Dachstuhl in die Jahre gekommen, wird es ebenfalls bald teuer und Risse, die oft nur an der Rückseite zu erkennen sind, können auf statische Probleme hinweisen, die eine Totalsanierung für Hunderttausende Euro nach sich ziehen würden.

Die besten Informationsquellen sind redselige Hausmeister und Mieter. Sie können euch auf Dinge hinweisen, die ihr vielleicht übersehen hättet. Ich lasse zur Sicherheit übrigens manchmal die Bonität eines Mieters prüfen. Viele Dienstleister haben sich darauf spezialisiert. Es kostet nicht viel und kann vor bösen Überraschungen schützen.

Siebtens. Fordert alle Unterlagen an und prüft sie genau. Zu diesen Unterlagen gehören Protokolle der Eigentümerversammlungen, Nebenkostenabrechnungen und Teilungserklärungen. Im Protokoll einer Eigentümerversammlung habe ich einmal gelesen, dass die Mieter Probleme mit Drogendealern im Haus hatten und deshalb einen Sicherheitsdienst beauftragen mussten. In Teilungserklärungen steht die genaue Größe der Wohnungen und wer wie viel Anteil an der Eigentümergemeinschaft hat. Da kann sich dann herausstellen, dass eine Wohnung nur 45 Quadratmeter groß ist, während der Makler von 55 gesprochen hat. Diesen Unterlagen könnt ihr auch entnehmen, ob für einen Dachbodenausbau oder einen nachträglich angebrachten Balkon überhaupt eine Baugenehmigung vorliegt.

Werft auch einen Blick ins Grundbuch. Dort seht ihr, ob das Grundstück, auf dem euer Haus steht, mit Hypotheken belastet ist. Darin steht auch, ob sogenannte „dingliche Dauerschuldverhältnisse" bestehen. Das können Wegerechte oder auch Wohnrechte sein. Eintragungen im Grundbuch können eine Immobilie im schlimmsten Fall praktisch wertlos machen.

Dort stoßt ihr dann womöglich auf die Information, dass das Ganze kein Kauf, sondern eine Erbpacht ist. Stiftungen und kirchliche Institutionen vergeben ihre Grundstücke gerne auf diese Art. Nach zum Beispiel 99 Jahren fällt das Grundstück samt dem Haus, das dann darauf steht, an sie zurück und die Nutzer müssen auch noch eine Erbpacht zahlen. Die Immobilie ist damit entwertet.

In den Unterlagen könnt ihr auch feststellen, ob die Miete, die ein bestehender Mieter bezahlt, korrekt ist. In diesem Bereich wenden Verkäufer gerne schmutzige Tricks an, sogenanntes *Window Dressing*. Um eine hohe Mietrendite darzustellen, verlangen sie eine hohe Miete und zahlen dem Mieter einen Teil davon auf Umwegen wieder zurück. Wenn ihr die Wohnung gekauft habt, zieht der Mieter aus, der nächste zahlt nur noch den marktüblichen Preis und eure Rendite sinkt.

Achtens. Regelt die Finanzierung. Fixe Zinssätze sind bei niedrigem allgemeinen Zinsniveau variablen vorzuziehen: Bei variablen besteht immer die Möglichkeit, dass das Zinsniveau steigt, und ihr könnt vielleicht die Kreditraten plötzlich nicht mehr aus der Miete finanzieren. Vergleicht die Zinsen, die euch die Banken verrechnen, im Internet und achtet dabei auch auf die letzte Kommastelle. Über die Jahre machen bei großen Summen auch Kleinigkeiten einen beträchtlichen Unterschied aus.

Wählt die Bank aber nicht nur mit Blick auf die Konditionen. Vor allem muss sie schnell sein, weil bei einem guten Immobilienkauf Zeit extrem wichtig ist. Wenige Stunden können entscheiden, ob ihr ein gutes Objekt bekommt oder nicht. Außerdem muss die Bank auch zu euch stehen, wenn die Zeiten gerade schlecht sind.

Ein Freund von mir hat einmal auf einen Schlag mehrere Immobilien gekauft und das ganze Paket ohne Eigenkapital über eine Bank mit besonders billigen Zinsen finanziert. Drei Jahre später verkaufte die Bank einige Kredite, darunter auch seinen, an einen Hedgefonds. Die Manager des Hedgefonds lasen das Kleingedruckte im Kreditvertrag meines Freundes sehr genau. Dort stand, dass der Kreditgeber den Kredit fällig stellen kann, wenn der Kunde bestimmte Finanz-Kennzahlen unterschreitet. Bei meinem Freund war das der Fall. Sein Vermietungsgrad lag unter der im Vertrag festgehaltenen Schwelle von neunzig Prozent. Der Hedgefonds stellte den Kredit fällig und holte sich so die Immobilien, denn mein Freund konnte natürlich nicht zahlen. Er musste dem Hedgefonds die Sicherheiten überlassen, die er beim Abschluss des Kreditvertrages der Bank gegeben hatte. Seine Mühe war damit umsonst gewesen, und nicht nur das. Die Investitionen, die er in den Immobilien bis dahin getätigt hatte, waren weg, und seine Transaktionsspesen sowieso.

Bei der Summe, die ihr für den Kauf einer Wohnung kalkuliert, müsst ihr die Nebenkosten einbeziehen. Der Notar, die Grunderwerbssteuer, die Eintragung ins Grundbuch oder der Makler kosten in Summe bis zu zehn Prozent des Kaufpreises.

Sorgt dafür, dass ihr nach dem Kauf flüssig bleibt. Wenn im Winter die Heizung streikt und ihr sie nicht reparieren könnt, werden eure Mieter wenig Verständnis haben und Schadenersatz fordern. Bei meinen Wohnungen fallen fünf bis acht Prozent der Nettomiete für Ausbesserungsarbeiten an. Haben die Mieter selbst die Schäden verursacht, haften sie dafür mit der Kaution, die ihr am Anfang des Mietverhältnisses kassiert und zurücklegt.

Verzichtet bei der Finanzierung eurer Immobilie auf Vehikel wie Tilgungsträger oder Fremdwährungskredite. Es gibt zu viele Risiken und ihr habt sie nicht im Griff.

Neuntens. Seid beim Notar genau. In Deutschland ist die notarielle Beglaubigung eines Kaufvertrages Pflicht, in Österreich empfohlen. Meist beauftragt der Käufer den Notar. Der berät trotzdem beide Seiten. Er beurkundet unabhängig und nimmt die Eintragungen ins Grundbuch vor. Lasst von ihm alle Vereinbarungen aufnehmen, etwa die Zusicherung des Verkäufers, dass das Grundstück bebaubar ist oder dass die angegebene Höhe der Miete, die ein bestehender Mieter bezahlt, korrekt ist. Je penibler ihr beim Notar auftretet, desto mehr Ärger spart ihr euch später.

Wollt ihr eure Immobilie wieder verkaufen, leistet ihr euch am besten wieder einen guten Makler. Besonders wenn Immobilien für euch nur eine von mehreren Anlageformen sind, braucht ihr seinen Rat. Er kennt Tricks, die euch beim Verkauf nützen. Hier einige Beispiele.

Erstens. Setzt den Verkaufspreis nicht von Anfang an zu hoch an. Viele Verkäufer tappen in diese Falle. Oft, weil sie eine Immobilie schon lange besitzen, womöglich selbst darin gewohnt haben und deshalb emotional reagieren.

Wenn sich wegen eines zu hohen Startpreises niemand für eure Immobilie interessiert, müsst ihr nachbessern. Dann ist die Wohnung zu lange am Markt, was Käufer abschreckt. Sie denken, dass sie einen Haken haben muss. Schlagt also höchstens 15 bis 25 Prozent auf das marktübliche Preisniveau auf, um Verhandlungsspielraum nach unten zu haben.

Ein Haus, eine Wohnung oder ein Grundstück müsst ihr ebenso nüchtern wieder abstoßen, wenn es wirt-

> schaftlich vernünftig ist, wie eine Aktie oder eine
> Anleihe. Schließlich handelt es sich nur um eine
> Immobilie. Euer Lebensglück hängt hoffentlich an
> Personen und nicht an Dingen.

Zweitens. Entscheidend beim Immobilienverkauf kann die Jahreszeit sein. Verkauft eine Immobilie nie nach Weihnachten. Wenn Schneestürme über das Land und durch die Städte fegen, kann sich niemand Eindrücke von Fassaden, Grundstücken oder Außenanlagen machen. Das schönste Haus sieht zu dieser Jahreszeit hässlich aus. Mit zehn Prozent Preisabschlag gegenüber einem Verkauf im Sommer seid ihr schon gut dran.

Ich habe vom Wetterphänomen schon als Käufer profitiert. Meinen besten Makler habe ich im tiefsten Winter in Frankfurt kennengelernt. Ich wollte mir eine kleine Wohnung nahe dem Messegelände ansehen. Wegen Schlechtwetter kam er fast vierzig Minuten zu spät. Ich zitterte vor lauter Kälte im Hauseingang und war ziemlich verärgert, als er schließlich kam. Deshalb bot ich ihm für die 1,5-Zimmer-Wohnung, die rund 50.000 Euro wert gewesen wäre, 39.000. Er musste gute Miene zum bösen Spiel machen und meinte, er werde versuchen, das Angebot beim Eigentümer durchzukriegen. Da es jahreszeitenbedingt das einzige war, gelang ihm das. Heute ist die Wohnung 70.000 Euro wert.

> *Das Wetter kann beim Verkauf einer Immobilie eine*
> *entscheidende Rolle spielen.*

Drittens. Nehmt euch genug Zeit. Ich kaufe gern, wenn jemand anderer unter Druck ist, verkaufe aber sehr ungern, wenn ich es selbst bin. Ich bin einmal vier Monate auf einer Wohnung sitzen geblieben. Vier Monate, in denen sich kein einziger Interessent gemeldet hat. Trotzdem habe ich den Preis nicht gesenkt. Ich wusste, dass er im Rahmen des Möglichen liegt. Und siehe da, plötzlich kamen Käufer, und zwar gleich vier auf einmal.

Thema zwei

firmenbeteiligungen

Ein Reicher oder ein mächtiger Multi kauft sich bei einer Firma ein, um sie auszuquetschen und dabei noch reicher oder noch mächtiger zu werden. So ungefähr sieht eure Vorstellung von einer Firmenbeteiligung aus. Wenn euch jemand vorschlägt, euer eigenes Vermögen und eure eigene wirtschaftliche Macht durch Firmenbeteiligungen zu mehren, haltet ihr ihn für verrückt. Ihr besitzt schließlich keine Millionen und keinen Konzern, denkt ihr dann, ihr seid nur harmlose Privatpersonen.

Dabei gehören direkte Firmenbeteiligungen auch für Privatpersonen zu den besten und am meisten unterschätzten Anlageformen und mit 20.000 Euro sowie dem wirtschaftlichen Wissen aus den vorangegangenen Kapiteln seid ihr schon dabei. Es muss ja nicht gleich ein Einstieg bei einem Stahlkonzern oder einer Handelskette sein. Für den Anfang tut es auch eine Minderheitsbeteiligung bei einem Kebabstand, einer Boutique, einem kleinen Handwerksbetrieb oder einem Café.

> *Investments sind nicht alles, aber alles kann ein Investment sein.*

Die süd- und osteuropäischen Migranten bauen ihre wirtschaftliche Macht und ihr Vermögen in Mitteleuropa mithilfe privater Firmenbeteiligungen auf. Sie machen es schlicht deshalb so, weil ihnen Banken kaum Kredite gewähren. Ich nutze diese Situation für mich aus. Ich beteilige mich an Firmen, wenn sich eine günstige Gelegenheit ergibt. Derzeit besitze ich zehn Beteiligungen. Es sind meine lukrativsten und spannendsten Investments. Mein Ziel ist es, dass jedes Jahr ein bis zwei dazukommen.

Direkte Firmenbeteiligungen haben vier große Vorteile.

Erstens. Die Rendite kann deutlich höher als bei anderen Anlagen sein. Sie hängt von der Branche ab, doch zwischen zehn und fünfzig Prozent auf euer eingesetztes Kapital pro Jahr sind realistisch.

Zweitens. Direkte Firmenbeteiligungen sind vor der Inflation relativ sicher. Wenn ihr zum Beispiel an einer Bäckerei beteiligt seid, kann euch die Inflation wenig anhaben. Mit der

Entwertung des Geldes steigt der Preis des Brotes und ihr macht mehr Umsatz und Gewinn. Die Inflation erreicht Unternehmen nur dann, wenn sie als Folge hohen Konkurrenzdrucks notwendige Preiserhöhungen nicht oder nicht sofort an ihre Kunden weitergeben können.

Drittens. Bei einer direkten Firmenbeteiligung habt ihr mehr Kontrolle über das Management, als ein Aktionär eines börsennotierten Unternehmens. Als Aktionäre könnt ihr wenig dagegen tun, wenn das Management des Unternehmens zum Beispiel unnötige Privatjets anschafft oder das Geld anders verprasst. Als Minderheitsgesellschafter habt ihr, abhängig von eurem Gesellschaftervertrag, Entscheidungskompetenzen oder könnt zumindest bei Gesellschafterversammlungen euren Einfluss geltend machen.

Viertens. Als Gesellschafter habt ihr besseren Zugang zu den wichtigen Informationen. Wenn ihr diese Zugänge nutzt, kennt ihr das Unternehmen ähnlich wie ein Mitarbeiter von innen. *BP*-Aktionäre hatten keine Chance zu wissen, dass *BP* Probleme bei der Wartung von Bohrtürmen hatte. Mitarbeiter hatten diese Chance sehr wohl.

Ihr habt zwei Möglichkeiten, euch an einem Unternehmen zu beteiligen.

Erstens. Beteiligung mit Geld. In diesem Fall gebt ihr einen Teil eures Kapitals einem Unternehmen, das neu gegründet wird oder schon besteht und Geld zum Beispiel für eine neue Filiale braucht. Ist das Unternehmen 75.000 Euro wert und ihr gebt ihm 25.000, kann euch danach je nach Gesellschaftervertrag ein Viertel davon gehören. Das bedeutet, dass ihr ein Viertel des Gewinns bekommt und beim Verkauf ein Viertel des Reinerlöses.

Vor so einer Beteiligung müsst ihr mit dem Eigentümer den Wert der Firma festlegen. Wenn der Chemie- und Pharmakonzern *Bayer* einen Einstieg bei einem kleineren Konkurrenten plant, rücken dazu Investmentbanker und firmeneigene Controller an und prüfen penibel die Zahlen. Das Gleiche müsst ihr auch tun, bloß pragmatischer und mit weniger bürokratischem und personellem Aufwand. Es dreht sich, egal ob ihr eine Firma an einer Nachfolgebörse kauft, in ihre Aktien investiert oder eine direkte Beteiligung anstrebt, immer alles um die gleichen Zahlen. Das sind der Gewinn und der Verlust, der Cashflow, die Höhe des Eigenkapitals, der Wert von Vermögensgegenständen wie Computern, Maschinen oder Warenbeständen, die Schulden der Firma bei Lieferanten, Banken und dem Finanzamt und ihre werthaltigen Außenstände bei Kunden.

Ihr müsst in die Prüfung des Unternehmens viel Zeit und Energie stecken und sie vor allem selbst durchführen. Euer Anwalt und euer Steuerberater können das nicht für euch erledigen. Sie haben den Überblick nicht, es geht nicht um ihr eigenes Geld und es wäre viel zu teuer. Ihr braucht sie nur für Spezialfragen, wenn es etwa um Patentrecht, Arbeitsrecht, Steuerrecht oder Markenrecht geht. Dort können sie euch vor schweren Fehlern bewahren.

> *Bei einer direkten Firmenbeteiligung mit Geld solltet
> ihr euch fragen, warum es ein Unternehmer braucht.
> Vielleicht will er damit nur seinen aufwendigen
> Lebensstil finanzieren, für den seine Firma nicht
> mehr genug abwirft.*

Aufmerksamkeit verdienen auch die Qualität und die Dauerhaftigkeit der Kundenbeziehungen und die Qualifikation sowie die Leistungsbereitschaft der Mitarbeiter. Ich suche vor einer Beteiligung zudem gerne das Gespräch mit Konkurrenten. Sie kennen die Schattenseiten ihrer Mitbewerber. Ein *Mercedes*-Händler zählt immer nur die Vorzüge der *Mercedes*-Modelle auf, beim *BMW*-Händler erfahrt ihr, welche Probleme euch beim Kauf eines *Mercedes* erwarten können.

Außerdem solltet ihr die Produkte der Firma, bei der ihr einen Einstieg erwägt, testen. Wenn es ein Fotostudio ist, lasst euch fotografieren. Interessiert ihr euch für eine Beteiligung an einem Restaurant, esst dort oder schickt Freunde hin.

Für mich hat es sich bewährt, dem Unternehmer viele Fragen zu stellen – und ich meine wirklich sehr viele, Dutzende und teilweise sogar Hunderte. Zum Teil frage ich völlig belanglose Dinge, zum Teil verlange ich harte Fakten. Dieses Spiel verwirrt und bringt bald die wahre Situation des Unternehmens auf den Tisch.

Ich habe mir einmal ein Hotel angesehen, das mit enormer Auslastung auffiel. Ein Glückstreffer, dachte ich, ehe ich bemerkte, wie abgewohnt die Zimmer waren. Durch meine Fragerei, kombiniert mit einer genauen Analyse der Bilanzen, kam ich hinter das Geheimnis des vermeintlichen Erfolgs. Der Besitzer stopfte das Haus mit Gruppen von Pauschaltouristen voll, die nicht einmal seine Kosten deckten.

Um endgültig über eine direkte Firmenbeteiligung entscheiden zu können, müsst ihr das Marktumfeld und die Aussichten des Unternehmens für die Zukunft bewerten. Lokale Modehäuser haben gegen die internationalen Ketten kaum noch eine Chance. Printmedien sind ebenfalls ein abflauendes Geschäft. Detaillierte Informationen über die jeweilige Branche sind in beliebiger Menge verfügbar. Besonders interessant sind Branchenmagazine, die sich mit nichts anderem, als den jeweiligen Markttrends beschäftigen. Noch besser ist es, wenn ihr einen erfolgreichen Unternehmer der Branche an den Tisch bekommt. Er weiß, wo die Chancen und die Risiken der Zukunft liegen.

Zweitens. Beteiligung mit Know-how. In diesem Fall bringt ihr in eine Firma statt Geld Wissen, besondere Fähigkeiten, eure Arbeitsleistung oder Kontakte ein. Möglich ist diese Form der Beteiligung vor allem bei kleinen und noch jungen Firmen. Die gefragtesten Kompetenzen sind IT, Finanzen, Vertrieb und PR. Einem Kleinunternehmer könnt ihr eine Homepage samt Webshop bauen und warten und dafür statt zehn- bis zwanzigtausend Euro, die er wahrscheinlich nicht hat, ein paar Prozent an der Firma nehmen.

Ich habe einige Firmenbeteiligungen im Ausmaß zwischen 5 und 33 Prozent dafür erhalten, dass ich meine Fähigkeiten im Rechnen eingebracht habe. Der jeweilige Unternehmer kümmert sich um Produktion, Vertrieb und Werbung, ich besorge den kaufmännischen Teil, also die Bilanzen, die Steuern, die Buchhaltung und so weiter. Viele Unternehmer geben diese Obliegenheiten gerne ab.

Jakob Gruner etwa ist ein sehr guter Immobilienmakler. Er kennt Frankfurt in- und auswendig. Buchhaltung, Controlling und Finanzwirtschaft sind für ihn ein Albtraum. Bevor wir uns kennenlernten, konnte er sich mit seiner kleinen Maklerfirma knapp über Wasser halten. Aus seinem Briefkasten quollen die Rechnungen. Seinem Steuerberater stellte er immer einen Karton mit Belegen hin, was dazu führte, dass der ihm hohe Rechnungen stellte und sich am Ende niemand auskannte. Jetzt halte ich gegen einen Anteil an seinem Gewinn seine Zahlen in Ordnung und er hat den Kopf frei, um ein florierendes Geschäft betreiben zu können.

Einen angeschlagenen Betrieb wieder in Schwung bringen zu können ist ebenfalls eine Fähigkeit, die euch zu Gesellschaftern machen kann. Ich erinnere mich noch gerne an eine Softwareschmiede, die sich auf die Installation und Wartung von Warensystemen für Internetläden spezialisiert hatte. Die beiden Gründer hatten das Programm entwickelt und während des Internetbooms Furore damit gemacht. Viele Großkunden nutzten die Software, um ihre Produkte schnell und einfach ins Internet zu stellen und dort zu verwalten.

Zu den Gründern gesellten sich zwei weitere Partner. Einer war für die Finanzen zuständig, der andere nannte sich *Business Development Manager* und sollte neues Geschäft an Land ziehen. Beide waren Nieten, wie sich im Wirtschaftsabschwung nach dem Internet-Hype herausstellte. Die Firma schrieb rote Zahlen, der Finanz-Chef rang hilflos die Hände und Mr. Business Development flog viel in der Gegend herum, ohne Aufträge nach Hause zu bringen.

Weil der Leidensdruck des Quartetts groß war und ich Erfahrung im Sanieren hatte, holte ich eine gute Beteiligung für mich heraus. Als erste Amtshandlung regelte ich die Aufgabenverteilung zwischen den vier Partnern neu. Der Finanzvorstand musste gehen. Ich ersetzte ihn durch einen qualifizierten ehemaligen Kollegen. Dem Vorstand für Neugeschäft wies ich nach Recherchen meines Assistenten nach, dass er bei seinen Reiseabrechnungen gerne Privates mit Geschäftlichem vermischt hatte. Weil er mich von seinem Können überzeugte, durfte er bleiben, musste aber neue Konditionen akzeptieren. Drei Jahre später kaufte ein Konkurrent die Firma. Ich bekam meinen Anteil am Reinerlös, ohne einen Cent für meine Beteiligung bezahlt zu haben.

Oft sind direkte Firmenbeteiligungen eine Mischform aus Geld und Know-how. Ich denke an einen kleinen Verlag, an dem ich von Anfang an beteiligt bin. Gegründet hat ihn Johanna Fichtner, die zuvor Journalistin bei einem Wochenmagazin gewesen war. Sie sah nicht nur blendend aus, sondern war auch richtig gut in ihrem Job. Ich hatte sie bei einem Interview kennengelernt und war verblüfft von ihrer Kompetenz gewesen. Trotzdem hatte sie ein Problem. Sie war keine gute Angestellte. Sie arbeitete mehr als ihre Kollegen, aber auf der Karriereleiter stiegen immer die anderen auf. Ich sagte ihr, dass sie auf eigenen Beinen viel mehr erreichen würde. Als sie mit ihrer mangelnden Lust auf Zahlen und Bilanzen argumentierte, schlug ich ihr eine Zusammenarbeit vor. Jetzt hat sie ihren eigenen Verlag, arbeitet sich nach wie vor verblüffend schnell in neue Materien ein und ich erledige den Teil, den sie als trocken und langweilig empfindet.

Meine Rendite auf die 20.000 Euro, die ich zusätzlich zu meinem Know-how eingebracht habe, liegt in diesem Fall bei deutlich mehr als fünfzig Prozent.

Einige Dinge solltet ihr bei direkten Firmenbeteiligungen berücksichtigen.

Erstens. Das wichtigste Kriterium bei der Entscheidung über eine direkte Firmenbeteiligung ist der Unternehmer. Wenn er hart arbeitet, sein Handwerk versteht und ehrlich ist, verdient er euer Vertrauen. Außerdem sollte sein Lebensstil im Verhältnis zur Größe seiner Firma stehen. Bei einer kleinen IT-Firma, deren Chef regelmäßig rauschende Partys gibt und den Champagner in Strömen fließen lässt, würde ich mich nicht beteiligen. Wichtig ist auch, dass die Chemie stimmt. Antipathie führt auf Dauer zu Schwierigkeiten, so professionell könnt ihr euch gar nicht verhalten.

Zweitens. Beteiligt euch nur an einem Unternehmen, dessen Geschäftsmodell ihr versteht. Sonst ist das Investment ebenso sinnlos wie ein blinder Aktienkauf.

Drittens. Haltet euren Beteiligungsvertrag klar und einfach. Komplizierte Verträge machen nur die Anwälte reich. Im Ernstfall verstehen sie auch die Richter nicht. Regelt darin, wer was entscheiden darf. Sonst entscheidet der geschäftsführende Hauptgesellschafter eines Tages im Alleingang, dass er sich von nun an eine halbe Million Euro als jährlichen Geschäftsführerbezug auszahlt, und ihr seht nie einen Gewinn.

Wichtig ist, dass ihr bei strategischen Entscheidungen wie der Aufnahme eines Kredites oder der Übernahme einer anderen Firma eingebunden seid. Auch ein Verkauf des Unternehmens sollte nicht ohne eure Zustimmung erfolgen dürfen. Regelt im Gesellschaftervertrag, wer seine Firmenanteile wie und unter welchen Auflagen verkaufen kann.

Ich vermerke in den Verträgen auch gerne, dass Geschäfte mit Freunden oder Verwandten die Zustimmung aller Gesellschafter brauchen. Erfahrungsgemäß verschwindet auf diese Art viel Geld.

Viertens. Vorsicht vor Haftungen. Banken verlangen bei Krediten gerne die Unterschrift aller Gesellschafter und im Kleingedruckten kann dann eine sogenannte Solidarhaftung festgelegt sein. Wenn der Hauptgesellschafter nicht zahlungsfähig ist, kann sich die Bank damit die ganze Summe von euch holen.

Fünftens. Beteiligt euch niemals bei einer Personengesellschaft, sondern immer nur bei einer GmbH oder einer Aktiengesellschaft. Geht der Hauptgesellschafter einer Personengesellschaft in Privatkonkurs, ist der Fall denkbar, dass ihr als Minderheitsgesellschafter für seine privaten Schulden aufkommen müsst.

epilog

Ihr habt euer Leben bisher als Kaste der Unwissenden geführt. Ihr habt gelangweilt weggehört, wenn die Mächtigen über Wirtschaft redeten und lieber mithilfe von Halbwahrheiten aus den Medien oder falschen Formeln populistischer Parteien krause Verschwörungstheorien über den bösen Finanzkapitalismus entwickelt. Die Mächtigen haben das ausgenützt, um euch Milliarde um Milliarde an Schulden aufzubürden, statt die Staatsfinanzen jetzt sofort mit schmerzvollen Schnitten zu sanieren. Die ganze europäische Gesellschaft befindet sich deshalb in einer Abwärtsspirale. Weil ihr tatenlos die Opfer gespielt habt, statt für Schwung und Visionen zu sorgen, gedeiht in Europa nur noch die Bürokratie, die alles erstickt.

Jetzt haltet ihr das Gegengift in Händen, um aus eurer Lethargie auszubrechen und euer Leben frei und selbstbestimmt als wohlhabende Menschen zu führen. Das geht nicht über Nacht, aber wenn ihr einmal damit angefangen habt, wird es schneller gehen, als ihr denkt. Durch Learning by Doing werdet ihr immer mehr Informationen sammeln und bald selbst zu den Mächtigen gehören, die über Wirtschaft reden, während die Kaste der Unwissenden gelangweilt weghört und Verschwörungstheorien entwickelt. Euer Geld und eure Gestaltungsmöglichkeiten werden euch den politischen Einfluss sichern, mit dem ihr den sündhaft teuren Verwaltungsapparat zurückstutzen und die Überregulierung eindämmen könnt, um freie Bahn für neue Ideen zu haben.

Was aus Europa wird, liegt in eurer Hand. Die Alten kümmern sich nur begrenzt darum. Es geht für sie auch so aus und für euch haben sie eine Träne im Knopfloch. Verantwortung gegenüber den nachfolgenden Generationen – solche Floskeln klingen schön, doch es steht kein fundamentales Interesse dahinter. Die Alten haben nichts davon, wenn sie diese Verantwortung wahrnehmen. Ein fundamentales Interesse daran, dass es mit Europa wieder aufwärtsgeht, habt nur ihr.

Ihr entscheidet, was aus Europa wird, und die Weichen werden jetzt gestellt. Wenn ihr so weitermacht wie bisher, wird aus Europa ein Kontinent der Vergangenheit. Aus anderen Teilen der Welt werden die Menschen ein bisschen nostalgisch und ein bisschen mitleidig zu uns herüberblicken, um zu sehen, wie das Leben früher war. Ihr werdet eure besten Jahre damit zubringen, die Schulden von Menschen abzuzahlen, von denen die meisten dann schon gestorben sind. Wenn ihr das Gegengift anwendet, kann Europa mit all seinen schlummernden Ressourcen an Erfahrung, Intelligenz und Kreativität zu einem Kontinent der

Zukunft werden. Menschen aus anderen Teilen der Welt werden bewundernd und voller Neid herüberblicken, um daran teilzuhaben.

Ihr könnt das locker schaffen. Ihr müsst nur eure ökonomischen Routinen ändern und bereit sein, mehr in eure wirtschaftliche Zukunft zu investieren – mehr Zeit, mehr Engagement und mehr Fantasie. Das Wirtschaftsgen, das ihr neben dem beschriebenen Wissen dafür braucht, habt ihr noch in euch. Die Evolution hatte noch keine Zeit, es zu vernichten. Hunderttausende Jahre lang hat es wesentlich zur Weiterentwicklung der Menschheit beigetragen, während der Sozialstaat, der davon nichts mehr wissen will, erst ein paar Jahrzehnte alt ist. Ihr müsst es nur neu beleben.

Dann werdet ihr der Motor sein, der Europa wieder in Schwung bringt. Und letztlich werdet ihr dabei auch all das finden, was ihr jetzt vergeblich beim Chillen, Shoppen und beim Entertainment sucht: Abenteuer, Selbstverwirklichung und Freude am Leben.

Gerald Hörhan, Oktober 2011

Der Spiegel-bestseller jetzt im Taschenbuch

Matthias Weik / Marc Friedrich
DER CRASH IST DIE LÖSUNG
Warum der finale Kollaps kommt und wie Sie Ihr Vermögen retten
368 Seiten
mit zahlreichen Abbildungen
ISBN 978-3-404-60858-4

Der finale Kollaps wird kommen, weil die wahren Ursachen der Finanzkrise nicht beseitigt wurden. Die Finanzindustrie, die die Krise verursacht hat, ist sogar Krisengewinner, der wieder mit gigantischen Geldsummen jongliert und im Zweifelsfall von uns gerettet wird. Der Crash ist die Lösung, sagen die beiden Ökonomen Friedrich und Weik. Denn nur so wird der notwendige Wandel erzwungen und die globale Macht der Finanzwelt gebrochen. Damit Sie Ihr Erspartes schützen können, zeigen die beiden Experten auf, in welche Kapitalanlagen Sie investieren sollten – und in welche besser nicht.

Bastei Lübbe

Finanzwirtschaft ist die Kunst, Fleißige immer ärmer und Reiche immer reicher zu machen

Marc Friedrich / Matthias Weik
DER GRÖSSTE RAUBZUG DER GESCHICHTE
Warum die Fleißigen immer ärmer und die Reichen immer reicher werden
Überarbeitete und aktualisierte Taschenbuchausgabe
384 Seiten
mit zahlreichen Abbildungen

Vor unseren Augen findet der größte Raubzug der Geschichte statt, und wir alle sind seine Opfer. Die Reichen in unserer Gesellschaft werden immer reicher, während alle anderen immer ärmer werden. Die Übeltäter - Banken und Versicherungen - werden geschützt, gedeckt und von den Politikern und Notenbankchefs weltweit unterstützt. Dieses Buch zeigt, wie die Finanzindustrie funktioniert und wie sie Risiken und Schulden auf uns Bürger abwälzt. Sorgen Sie dafür, dass Sie nicht zu den Verlierern gehören!

Überarbeitete und aktualisierte Taschenbuchausgabe des SPIEGEL-Bestsellers

Bastei Lübbe

Risiko ist keine Ansichtssache

Michael Blastland / David Spiegelhalter
WIRST DU NICHT VOM BLITZ ERSCHLAGEN, LEBST DU NOCH IN TAUSEND JAHREN
Was wirklich gefährlich ist
Aus dem Englischen von Jürgen Neubauer
416 Seiten
ISBN 978-3-404-60830-0

Das Leben ist voller Gefahren! Wirklich? Oft führen Statistiken in die Irre oder werden zur bloßen Panikmache aufgebauscht. Deshalb haben sich David Spiegelhalter und Michael Blastland genau angeschaut, was uns im Laufe unseres Lebens alles passieren kann. Und wie wahrscheinlich das tatsächlich ist. Denn oft schätzen wir Risiken falsch ein – oder hätten Sie geahnt, dass man Kinder eher vor Jalousieschnüren schützen sollte als vor dem Straßenverkehr? Mithilfe vieler Geschichten von Angsthasen und Adrenalinjunkies zeigen die Autoren, was wirklich gefährlich ist, und ermutigen den Leser lieber sich selbst als Statistiken zu vertrauen.

Bastei Lübbe

»Ich warne dringlichst vor diesem Buch! Wer eben noch meinte, ganz normal zu sein, stellt plötzlich fest: Ich bin ein Freak!« Bernhard Hoëcker

Philipp Möller
BIN ISCH FREAK,
ODA WAS?!
Geschichten aus einer
durchgeknallten Republik
336 Seiten
ISBN 978-3-404-60758-7

Die Schulglocke klingelt, das Hoftor fällt hinter mir zu. Meine Tage als Aushilfspauker sind vorbei. Und jetzt? »Bin ich froh, diese Freak-Show endlich hinter mir zu haben«, sage ich so lässig wie möglich. Mein Kollege Geierchen runzelt die Stirn: »Pass ma uff: Schule is 'ne Miniaturlandschaft unserer Jesellschaft. Und wenn de denkst, Möller, die Minifreaks war'n schon crazy – denn schau dir erstma die ausgewachsenen Exemplare an!«
Leben wir tatsächlich in einer Nation der Übertreiber, Spinner und Durchgeknallten? Philipp Möller trifft trinkfreudige Burschenschaftler, kampflustige Veganer und erleuchtete Weltenlehrer und stellt sich immer häufiger die Frage: Wer sind eigentlich die wahren Freaks in unserem Land?

Bastei Lübbe